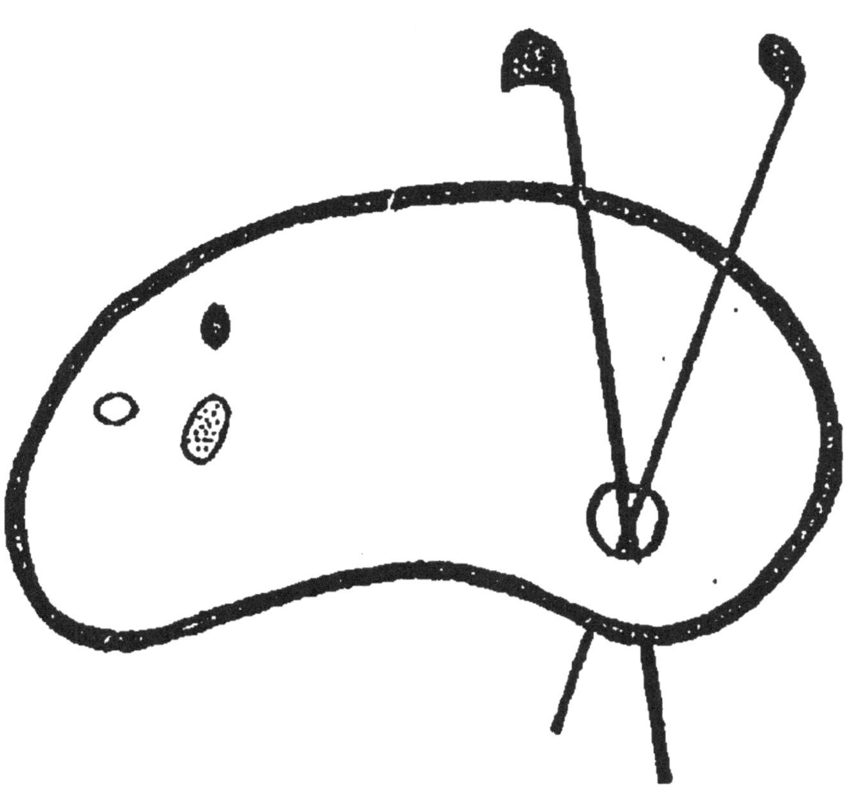

DEBUT D'UNE SERIE DE DOCUMENTS
EN COULEUR

RECHERCHES HISTORIQUES

SUR

QUELQUES RITES NUPTIAUX

PAR

ÉMILE CHÉNON

PROFESSEUR A LA FACULTÉ DE DROIT DE PARIS

ANCIEN ÉLÈVE DE L'ÉCOLE POLYTECHNIQUE

(Extrait de la *Nouvelle Revue historique de droit français et étranger*).

LIBRAIRIE

DE LA SOCIÉTÉ DU

RECUEIL SIREY

22, rue Soufflot, PARIS, 5ᵉ arrdᵗ

L. LAROSE & L. TENIN, Directeurs

1912

DU MÊME AUTEUR

Notice historique sur Châteaumeillant (Cher), Bourges, Pigelet, 1878, in-8°.

Notes archéologiques sur Châteaumeillant et ses environs, Bourges, Pigelet, 1878-1887, in-8°.

Etude sur les controverses entre les Proculéiens et les Sabiniens, Paris, 1881, in-8°. — Mémoire couronné par l'Académie de Législation de Toulouse (prix de l'Académie).

Le Tribunal des Centumvirs. Paris, 1881, in-8°. — Thèse couronnée par la Faculté de Droit de Paris (médaille d'or).

Les Démembrements de la propriété foncière en France avant et après la Révolution, Paris, 1881, in-8°. — Thèse couronnée par la Faculté de Droit de Paris (médaille d'or).

Origines, conditions et effets de la Cassation, Paris, 1882, in-8°. — Ouvrage couronné par la Faculté de Droit de Paris (1re médaille d'or) et par l'Académie de Législation de Toulouse (prix du Ministre de l'Instruction publique).

Les Bretons en Bas-Berry, Rennes, 1884, brochure in-8°.

Un monastère breton à Châteauroux (Saint-Gildas-en-Berry), Rennes, 1885, brochure in-8°.

Etude sur l'histoire des alleux en France, *avec une carte des pays allodiaux*, Paris, 1888, in-8°. — Couronnée par l'Académie des Inscriptions et Belles-Lettres (concours des Antiquités nationales : 1re mention).

Histoire de Sainte-Sévère-en-Berry, Paris, 1889, fort volume in-8°. — Couronnée par l'Académie des Inscriptions et Belles-Lettres (concours des Antiquités nationales : 1re mention).

Etude historique sur le « Defensor civitatis », Paris, 1889, in-8°.

Les anciennes Facultés des droits de Rennes, Rennes, 1890, in-8°.

La loi pérégrine à Rome, Paris, 1891, brochure in-8°.

Les marches séparantes d'Anjou, Bretagne, et Poitou, Paris, 1892, in-8°. — *Note additionnelle*, Paris, 1896, in-8°.

L'ancien droit dans le Morbihan, Vannes, 1893, in-8°.

Chapitres divers sur l'histoire de l'Eglise, dans l'*Histoire générale* de MM. Lavisse et Rambaud, tomes II à XII, 1893-1900.

L'ancien Coutumier du pays de Berry, Paris, 1905, in-8°.

Les Arènes de Bourges au Moyen Age, dans les *Mémoires des Antiq. de France*, Paris, 1906.

Notes archéologiques et historiques sur le Bas-Berry, tome I, Bourges, 1907, in-8° ; tome II (en préparation).

L'ancien Coutumier de Champagne, Paris, 1907, in-8°.

Le Droit romain à la Curia regis, de Philippe-Auguste à Philippe-le-Bel. dans les *Mélanges Fitting*, 1907, in-8°.

Saint Thomas d'Aquin et la Guerre, dans le *Bulletin de la Ligue des catholiques français pour la paix*, Paris, 1910.

La Grande Charte du Musée de La Châtre, La Châtre, 1910, in-8°, texte et commentaire.

Notice sur la vie et les œuvres de M. d'Arbois de Jubainville, dans le *Bulletin de la Société des Antiquaires de France*, année 1912.

Les rapports de l'Eglise et de l'Etat du Ier au XXe siècle, 2e éd., Paris, 1912, in-16.

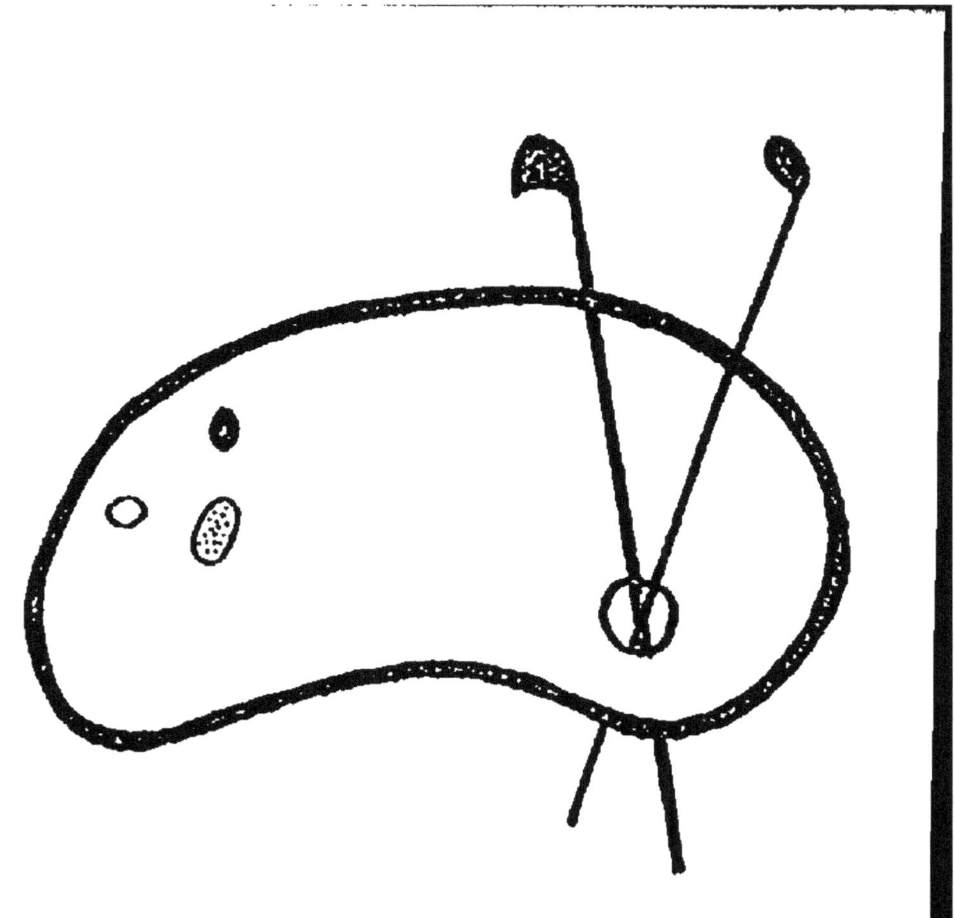

FIN D'UNE SERIE DE DOCUMENTS
EN COULEUR

RECHERCHES HISTORIQUES

SUR

QUELQUES RITES NUPTIAUX

IMPRIMERIE
CONTANT-LAGUERRE

BAR-LE-DUC

RECHERCHES HISTORIQUES

SUR

QUELQUES RITES NUPTIAUX

PAR

ÉMILE CHÉNON

PROFESSEUR A LA FACULTÉ DE DROIT DE PARIS

ANCIEN ÉLÈVE DE L'ÉCOLE POLYTECHNIQUE

(Extrait de la *Nouvelle Revue historique de droit français et étranger*).

LIBRAIRIE

DE LA SOCIÉTÉ DU

RECUEIL SIREY

22, rue Soufflot, PARIS, 5ᵉ arrdᵗ

L. LAROSE & L. TENIN, Directeurs

1912

RECHERCHES HISTORIQUES

QUELQUES RITES NUPTIAUX

Il existe encore aujourd'hui, soit dans les usages chrétiens, soit dans la liturgie catholique du mariage, qui a consacré ces usages, un certain nombre de *rites*, qui ne produisent plus aucun effet juridique, mais qui en ont produit autrefois. Il nous a paru intéressant de rechercher d'où ils proviennent, pour quels motifs et avec quelle signification ils ont été tolérés ou adoptés par l'Église (1). Les rites que nous nous proposons d'étudier sont : 1° dans les fiançailles, la remise d'une bague à la fiancée et l'échange d'un baiser; 2° dans le mariage, la jonction des mains, la remise de l'anneau nuptial, la tradition de pièces de monnaie appelées pièces de mariage ou parfois *treizain*; 3° après le mariage, l'extension d'un *poile* ou voile sur la tête des mariés; enfin la bénédiction du pain, du vin, et du lit nuptial. Ces rites, devenus purement symboliques, n'ont pas tous la même origine (2) : il importe donc de la rechercher séparément pour chacun d'eux.

(1) L'Église n'a jamais légiféré directement sur les *formes* du mariage; elle s'est contentée de consacrer certains usages populaires. Cfr. Sohm, *Das Recht der Eheschliessung*, Weimar, 1875, in-8°, p. 184.

(2) Friedberg, *Das Recht der Eheschliessung*, Leipzig, 1865, in-8°, p. 6 : « Dennoch waren aber auch hier der Förmlichkeiten viele; die meisten den römischen Gebräuchen entlehnt, einige vielleicht den jüdischen, wenige den griechischen ». M. Friedberg oublie : *den germanischen*.

§ I. — La bague de fiançailles.

1. — Les *sponsalia* (fiançailles, accordailles), c'est-à-dire « la promesse d'un futur mariage » (1), eurent dans l'Église, à un moment donné, une très grande importance, au point de se confondre dans la forme avec le mariage lui-même. Elles sont tombées en désuétude depuis le Concile de Trente. Ce que l'on appelle encore ainsi ne constitue plus, sauf exception, que des usages de famille. Il est à remarquer toutefois que, si les fiançailles ont perdu presque tout intérêt au point de vue juridique, elles ont conservé leurs formes anciennes. Elles se concluent en effet par la remise d'une bague à la fiancée, suivie assez généralement de l'échange d'un baiser. Beaucoup de jeunes gens et de jeunes filles ne se considèrent comme *liés* qu'après l'accomplissement de ces deux rites; ils ne se doutent pas qu'ils obéissent ainsi à de lointaines traditions.

Occupons-nous d'abord de l'anneau des fiançailles. Devenu au Moyen âge l'anneau nuptial, il a, sous cette double forme et dans ce double rôle, suscité une littérature abondante (2). La coutume de remettre un anneau à

(1) Cfr. la *Réponse de Nicolas 1 aux Bulgares* (866) : « Sponsalia, que futurarum sunt nuptiarum promissio » (dans Gratien, *Décret*, II, 30, qu. 5, ch. 3). Florentin, au Dig., XXIII, 1, fr. 1, avait dit déjà : « Sponsalia sunt mentio et repromissio nuptiarum futurarum ».

(2) Il y a d'abord des monographies anciennes que nous citons pour mémoire : — Cavaccia, *L'anello matrimoniale*, Milan, 1599, in-12; — Kirchmann, *De annulis liber singularis*, 1re édit., Lubeck, 1623, in-12; 3e édit., Leyde (Lugd. Batav.), 1672, in-12; — Kormann, *De annulo triplici : usitato, sponsalitio, signatorio*, 1re édit., La Haye, 1654, in-12; 2e éd., Leyde, 1672, in-12; — P. Müller, *De annulo pronubo*, Iéna, 1702, in-4°; — Serfflerig, *De annuli pronubi antiquitate judaica*, Altenbourg, 1759, in-1°. — Il y a également des monographies récentes : — Franz Hoffmann, *Über den Verlobungs- und den Trauring*, dans les *Sitzungsberichte der Wiener Akad.*, t. LXV, année 1870; — Max. Deloche, *Le port de l'anneau dans l'antiquité romaine et les premiers siècles du Moyen âge*, dans les *Mémoires de l'Acad. des Inscriptions et Belles-Lettres*, t. XXXV, 2e p., 1896; — et : *Études histor. et archéol. sur cs*

la fiancée paraît venir directement des usages romains.
On ne la rencontre, en effet, ni chez les Juifs, ni chez les
Grecs, peuples qui cependant attachaient une grande
importance aux fiançailles (1). Au contraire, à Rome,
elle apparaît dans les plus anciens textes. Nous savons
par les comédies de Plaute que les fiançailles se con-
cluaient entre les *patresfamilias* des deux futurs par la
formule antique bien connue : « *Spondesne ? Spondeo* » (2),

anneaux sigillaires et autres dans les premiers siècles du Moyen âge,
Paris, 1900, in-8° (extrait de la *Revue archéol.*); — Dr Francesco Brandileone, *Die subarrhatio cum anulo, Ein Beitrag zur Geschichte des
mittelalterlichen Eheschliessungsrechtes*, dans la *Deutsche Zeitschrift für
Kirchenrecht*, Dritte Folge, X. Band, 1901, in-8°, p. 311-340; — Dom
Leclercq, v° *Anneaux*, § VIII. dans le *Dict. d'archéol. chrétienne et de
liturgie*, publié sous la direction de Dom Cabrol, Paris, in-4°, fasc. 8
(1905), col. 2188-2191.

(1) Au XVIII° siècle, Serfilerig, *op. cit.*, a essayé de démontrer que l'anneau des fiançailles était usité chez les Juifs. Cujas croyait aussi le retrouver
chez les Grecs. Ces deux opinions sont aujourd'hui abandonnées. Cfr. pour
les Juifs : Clarisse Bader, *La femme biblique*, Paris, 1866, in-8°, p. 85-
100; — Rabbinowicz, *Législation civile du Thalmud*, Paris, in-8°, t. I
(1880), p. XXV-XXX; — Louis-Germain Lévy, *La famille dans l'antiquité
israélite*, Paris, 1905, in-8°, p. 157, note 1 : « Ni dans le *Talmud*, ni dans
les écrits rabbiniques les plus anciens, il n'est question de l'anneau nuptial » ;
— H. Lesêtre, v° *Noces*, dans le *Dict. de la Bible*, publié sous la direction
de l'abbé Vigouroux, Paris, in-4°, fasc. 28 (1906), col. 1660; — et pour les
Grecs : Clarisse Bader, *La femme grecque*, Paris, in-8°, t. II (1872),
p. 24 et suiv.; — Beauchet, *Hist. du droit privé de la Rép. athénienne*,
Paris, in-8°, t. I (1897), p. 119, 124 et suiv., 144-145; — Collignon,
v° *Matrimonium*, dans le *Dict. des antiq. grecques et romaines*, de
Daremberg et Saglio.

(2) Plaute (254-184 av. J. C.), *Poenulus*, vers 1156-1157 :

 Tuam mihi majorem filiam despondeas.
 — Pactam rem habeto. — Spondesne igitur ? — Spondeo.

Aulularia, vers 255-256 :

 Quid nunc? Etiam mihi despondes filiam? — Illis legibus,
 Cum illa dote quam tibi dixi. — Spondean ergo ? — Spondeo.

Curculio, vers 674-675 :

 Spondesne, miles, mihi hanc uxorem? — Spondeo.
 — Et ego hoc idem unum : Spondeo. — .....

Trinummus, vers 1162-1163 :

 Istac lege filiam tuam spondem mihi uxorem dari?
 — Spondeo. — Et ego spondeo idem hoc. — .....

Cfr. Térence, *Andrienne*, vers 101 : « Placuit; despondi; hic nuptiis
dictus est dies ».

d'où sont venues les expressions *sponsalia, sponsus, sponsa*, pour désigner les fiançailles, le fiancé, et la fiancée (1). Cela suffisait en droit. Mais la coutume exigeait que le *sponsus* remît ensuite à la *sponsa*, en signe des engagements pris, un anneau, appelé dans les textes *annulus sponsalitius, pronubus*, ou *genialis*. On le trouve mentionné dans Plaute et dans une comédie de Térence, *L'Hécyre*, où un anneau donné, puis arraché à une fiancée, et finalement retrouvé, sert à amener le dénouement (2).

Cet anneau était en fer et ne devait pas porter de pierre précieuse. Telle était encore la règle au temps de Pline l'Ancien, au 1er siècle de l'ère chrétienne, bien que l'anneau d'or fût devenu déjà l'insigne de plusieurs catégories de citoyens (3). Mais à la fin du IIe siècle, les fiancés donnaient un *annulus pronubus* en or (4). On avait pris aussi l'habitude d'y graver des inscriptions appropriées, telles que *Bonam vitam; amo te; ama me* (5). Au XVIIe siècle, le célèbre érudit Fabri de Peiresc acheta à Arles un anneau d'or portant cette légende : *Tecla Segella vivat Deo cum marito suo Ratine* (6). Au

----

(1) Ulpien, au Dig. XXIII, 1, fr. 2 : « *Sponsalia* dicta sunt a spondendo »; — Florentin, *ibid.*, fr. 3 : « Unde et *sponsi sponsaeque* appellatio nota est ».

(2) Cfr. Plaute, *Miles gloriosus*, vers 1048-1049 :

> Ab illa quae digitos despoliat suos et tuos digitos decorat :
> Nam hunc anulum ab tui cupientis huic detuli, huic... porro.

Térence, *L'Hécyre*, vers 816-847 :

> ..... Sic te dixisse opinor invenisse Myrrhinam
> Bacchidem annulum suum habere. — Factum. — Eum quem olim ei dedi ?

(3) Pline l'Ancien, *Hist.*, XXXIII, 4 : « Quo argumento etiam nunc sponsae muneris vice *ferreus anulus* mittitur, isque sine gemma ».

(4) Tertullien, *Apolog.* (écrite en 197), VI (dans Migne, P. L., tome I, col. 302) : « *Aurum* nullum (faemina) norat praeter unico digito quem sponsus oppignorasset pronubo annulo ».

(5) Cfr. Fernand Nicolaÿ, *Hist. des croyances*, Paris, in-8°, t. III, p. 284.

(6) Cfr. Spon, *Recherches des curiosités et antiquités de Lyon*, Lyon, 1673, in-4°, p. 170-171; — Max. Deloche, *Le port de l'anneau, loc. cit.*, p. 275; — Dom Leclercq, *loc. cit.*, col. 2189.

xixe siècle, dans les sépultures d'Herpès (Charente), on trouva un anneau portant les noms de *Nennium* et de *Vadinehna* (1). Un autre a comme légende : *Venanti, vivas in Deo cum Serciia* (2).

Dans les premiers temps, le *sponsus* romain mettait lui-même l'anneau des fiançailles au doigt de la *sponsa* (3); au iiie siècle, il se contentait parfois de le lui envoyer (4). En principe, l'anneau devait se placer au quatrième doigt de la main gauche (5). Au iie siècle, Aulu-Gelle donne de ce choix une raison assez inattendue : c'est, paraît-il, qu'il existe dans le quatrième doigt de la main gauche, appelé à cause de cela *digitus medicinalis* ou *medicus*, un tout petit nerf qui va jusqu'au cœur; Aulu-Gelle impute cette explication aux Égyptiens (6). La même explication est encore donnée à la fin du ive siècle par Macrobe (7); elle fut transmise au Moyen

---

(1) Max. Deloche, *Études sur les anneaux, op. cit.*, p. 253; — Dom Leclercq, *ibid.*, avec dessin.

(2) Cfr. Dom Leclercq, *loc. cit.*, col. 2189-2190, où sont signalés d'autres anneaux.

(3) Juvénal, VI, vers 27 : « Digito pignus dedisti »; — cfr. Tertullien, *loc. cit.*

(4) Paul, au *Dig.*, XXIV, 1, fr. 36, § 1 : « Sponsus alienum annulum sponsae muneri *misit* ».

(5) Il y avait toutefois des exceptions. Au temps de Pline l'Ancien, *Hist.*, XXXIII, n° 12, les Gaulois et les Bretons portaient l'anneau au troisième doigt, considéré au contraire à Rome comme impudique; et il y a de fortes raisons de croire que c'était le troisième doigt de la main *droite* (Deloche, *Le port de l'anneau, loc. cit.*, p. 262 et 264).

(6) Aulu-Gelle (117-180), *Nuits attiques*, X, 10 : « Veteres Graecos *anulum* habuisse in digito accepimus sinistrae manus, qui minimo est proximus. Romanos quoque homines aiunt sic plerumque anulis usitatos. Causam esse hujus rei Apion in libris Ægyptiacis hanc dicit, quod insectis apertisque humanis corporibus,... repertum est nervum quemdam tenuissimum ab eo uno digito, de quo diximus, ad cor hominis pergere ac pervenire; propterea non inscitum visum esse, eum potissimum digitum tali honore decorandum, qui continens et quasi conexus esse cum principatu cordis videretur ».

(7) Macrobe (vers 400), *Saturn.*, VII, 13, n° 7-10 : « Dic, inquam, cur sibi communis adsensus *anulum* in digito qui minimo vicinus est, quem etiam medicinalem vocant, et manu praecipuè sinistrà gestandum esse persuasit ? Et Disarius, etc. ».

âge par Isidore de Séville, à ceci près qu'il transforme le petit nerf en une veine (1).

2. — Quel sens les premiers Romains attachaient-ils à la remise de l'*annulus sponsalitius*? Il est assez difficile de le savoir. L'*Hécyre* de Térence, où cet anneau joue cependant un si grand rôle, ne donne sur ce point aucune indication. Peut-être, comme le veulent certains auteurs, y avait-il là un élément formaliste nécessaire « à la perfection du contrat » (2). Au Ier siècle de l'ère chrétienne, l'idée apparaît que l'anneau constitue un gage, *pignus* (3). Au IIe siècle, la théorie juridique se fixe en ce sens qu'il représente des *arrhes*, ajoutées à la *sponsio* pour lui donner plus de force. Il était en effet d'usage à Rome d'accompagner les fiançailles d'une dation d'arrhes (*arrhae sponsalitiae*), comme on le faisait pour la vente et le louage (4). Or, au lieu d'une somme d'argent, on pouvait donner à titre d'arrhes un objet symbolique, et notamment un anneau. Cet usage remontait loin : Térence y fait allusion (5); puis Pline l'Ancien, à propos de *sponsio* (6); et enfin au IIIe siècle, le juris-

(1) Isidore de Séville († 636), *De Ecclesiae officiis*, II, 20, n° 8 (dans Migne, P. L., t. LXXXIII, col. 811-812) : « Unde et quarto digito annulus idem inseritur, quod in eo vena quaedam (ut fertur) sanguinis ad cor usque perveniat ». Le pape Grégoire IV (827-844) fait allusion à la même croyance à propos de l'anneau des évêques; il leur défend de le porter à la main gauche : « Anulos ipsos non in sinistra poni oportet, nullius venae cordialis habita ratione » (cfr. Dom Leclercq, *loc. cit.*, col. 2180).

(2) Cfr. Brandileone, *loc. cit.*, p. 314 : « Die Leistung der *arrha* sollte sehr wahrscheinlich in früher Zeit in Rom wie in Griechenland dem Vertrag Perfektion und Verbindlichkeit verleihen »; — et les auteurs qu'il cite en note, notamment : Costa, *Il diritto privato romano nelle comedie di Plauto*, Turin, 1890, p. 261 et 363; — et *Il diritto priv. rom. nelle com. di Terenzio*, Bologna, 1893, p. 69.

(3) Juvénal, *loc. cit.* : « Digito *pignus* dedisti ».

(4) Au Code Justinien, il y a un titre qui a pour rubrique : *De sponsalibus* et *arris sponsalitiis* (V, 1).

(5) Térence, *Eunuchus*, vers 541 : « Dati *annuli* ».

(6) Pline l'Ancien, *Hist.*, XXXIII, 6 : « Argumento est consuetudo volgi ad sponsiones etiamnum *anulo* exsiliente, tracta ab eo tempore quo nondum

consulte Ulpien, à propos d'achat de vin et d'huile, et encore de *sponsio* (1). Il n'en fallait pas tant pour que l'*annulus pronubus* fût assimilé aux arrhes. A partir du iie siècle, les deux idées sont inséparables.

Il y avait cependant, entre l'*annulus pronubus* et des arrhes véritables, deux différences : 1º des arrhes pouvaient être données par les deux contractants; or l'anneau est donné par le fiancé seul; 2º en outre, quand des arrhes véritables sont données par les fiancés, elles doivent s'imputer, après le mariage, soit sur la dot apportée par la femme, soit sur la *donatio ante nuptias* faite par le mari; l'anneau au contraire reste, en tout état de cause, la propriété de la fiancée : il est assimilé, à ce point de vue, à un *munus sponsalitium* (2). Les jurisconsultes avaient même disserté sur le cas suivant : un *sponsus* a envoyé à la *sponsa* un anneau appartenant à autrui; après le mariage, il l'a échangé contre le sien; faut-il voir là une donation « entre époux »? Nerva et Paul étaient d'accord pour décider que non; l'échange opéré ne faisait que confirmer une donation ancienne, et n'en constituait pas une nouvelle (3). Malgré ces diffé-

erat arra velocior, ut plane adfirmare possimus nummos ante apud nos, mox annulos coepisse ».

(1) Ulpien, au Dig. XIV, 3, fr. 5, § 15 : « Item, si institor, cum oleum vendidisset, *annulum* arrae nomine, acceperit... »; — XIX, 1, fr. 11, § 6 : « Ego illud quaero, si *anulus* datus sit arrhae nomine, et secuta emptione (vini)... »; — XIX, 5, fr. 17, § 5 : « Si quis sponsionis causa *anulos* acceperit... ». — Cfr. Cujas, *Opera omnia*, éd. Fabrot et Durand, Paris, in-4º, t. I, col. 226; t. III, col. 518; t. VI, col. 125.

(2) Cfr. les développements donnés par Cujas sur les *arrae sponsalitiae* (Commentaire du Cod. Just., V, 2), *loc. cit.*, t. VII, col. 852 : « Item arrae sequutis nuptiis redduntur, munera sponsalitia non redduntur, sed remanent apud donatarium, ut *annulus pronubus* non redditur, quem sponsus sponsae muneri dedit; nam ejus annuli mera donatio est » (loi *Si donatae*, Dig. XXIV, 1).

(3) Paul, au Dig., XXIV, 1, fr. 36, § 1 : « Sponsus alienum annulum sponsae muneri misit, et post nuptias pro eo suum dedit. Quidam et Nerva putant fieri eum mulieris, quia tunc factam donationem confirmare videtur, non novam inchoare. Quam sententiam veram esse accepi ». Cfr. le commentaire de ce texte par Cujas, *ibid.*, t. VI, col. 125.

rences, le sens d'arrhes resta attaché à l'anneau des fiançailles.

Ce sens fut d'abord accepté par les Pères de l'Église (1) ;
c'est même à eux, semble-t-il, qu'on doit l'emploi, dès le
iv⁰ siècle, des mots *subarrhare* et *subarrhata* comme
synonymes de *desponsare* et de *sponsa* (2). — Mais, en
somme, en remettant l'anneau, le fiancé remettait un
gage de la parole donnée, de la *foi* promise. L'anneau
des fiançailles était donc, au sens propre du mot, l'anneau
de la foi, *annulus fidei*. Les écrivains ecclésiastiques du
iv⁰ siècle ne se firent aucun scrupule d'employer ce
terme, qui sous leur plume prêtait à équivoque et devait
favoriser un changement de sens (3). Comme le fait
observer M. Brandileone, dans la *subarrhatio cum
annulo*, l'élément juridique se concentre dans le verbe
subarrhare et se détache de l'anneau, qui prendra dès
lors un rôle nouveau ; l'*annulus arrhae* deviendra l'*annulus fidei*, le signe de la fidélité conjugale (4), comme
le dira bientôt Isidore de Séville.

(1) Tertullien, *Apolog.*, VI : « Cum aurum nulla .norat, praeter unico
digito, quem sponsus *oppignerasset* pronubo annulo » ; — Sulpice Sévère,
Ep. ad Claudiam sororem, II, 12 : « Quaecumque ergo humanorum sponsaliorum *pignoribus* obarrhatur, statim à domesticis, à familiaribus, ab
amicis sponsi sollicite ac diligenter requirit et servulis, quales juvenis habeat
mores, etc. » (dans Migne, P. L., t. XX, col. 236).

(2) Saint Ambroise, *Epist. segreg.*, I, n⁰ 3, fait dire à sainte Agnès :
« Discede a me, quia jam ab alio amatore praeventa sum, qui mihi satis
meliora obtulit ornamenta, et annulo fidei suae *subarrhavit* me » (dans Migne,
P. L., t. XVII. col. 736) ; — Sulpice Sévère. *loc. cit.* (cfr. le commentaire
de ce texte par Brandileone, *loc. cit.*, p. 318-319) ; — Maxime de Turin,
Sermo 56 : « Hinc est quod anulo fidei Agnes se asserit *subarratam*, et
clamat se amore constrictam » (dans Migne, P. L., t. LVII, col. 643).

(3) Saint Ambroise, *loc. cit.* : « Et annulo *fidei* suae subarrhavit me » ; —
et *De paenitentia*, III, 18 (dans Migne, P. L., t. XVI. col. 500) : « Det
annulum in manu ejus, quod *fidei pignus* et sancti Spiritûs signaculum » ; —
Rufin, *Hist. eccles.*, I, 28 (dans Migne, P. L., t. XXI, col. 499) . « Et
anulum *fidei* recepit et stola circumdatur ». Dans ces deux derniers textes,
il est vrai, il ne s'agit pas d'un anneau de fiançailles ; mais le premier est
net. Cfr. Maxime de Turin, *loc. cit.*

(4) Brandileone, *loc. cit.*, p. 320 : « Während nun früher vom *annulus*

3. — Au ve siècle toutefois, cette dernière idée ne nous semble pas encore complètement dégagée ; c'est bien avec le sens juridique d'*arrhes* que la coutume de l'anneau fut transmise par les Romains aux Germains établis en Gaule, en Espagne, en Italie. Cette coutume en effet n'a rien de germanique (1), et c'est seulement à l'imitation des Romains que les Germains d'Occident l'ont pratiquée à partir du vi^e siècle (2). Chez les Franks, Grégoire de Tours mentionne à plusieurs reprises des *arrhes* données pour fiancer des jeunes filles, et il note expressément que saint Léobard (vers 570) remit, à titre d'arrhes, un anneau à sa fiancée (3). Isidore de Séville nous apprend

arrharum nomine datus die Rede war, spricht man in der Folge von *subarrhare anulo fidei*; die juristische Bedeutung konzentriert sich im Zeitworte *subarrhare* und trennt sich fast vom Ringe ab, welchem man ein der neueren Bedeutung ungemessenes Wort hinzusetzt : der römische *anulus arrhae* ist zu einem römisch-christlichen *anulus fidei* geworden ».

(1) Grimm (*Deutsche Rechtsalterthümer*, Göttingen, 1854, in-8°, p. 178) a fait remarquer depuis longtemps qu'on ne trouve aucune trace de l'anneau des fiançailles dans les plus anciens récits des Germains, même légendaires. — Cfr. Friedberg, *op. cit.*, p. 26, note 3 : « Der Trauring ist kein ursprünglich deutsches Symbol, vielmehr der römische *annulus pronubus*, den die Kirche adoptirt und auch in Deutschland eingeführt hat » ; — Hoffmann, *loc. cit.*, p. 819, § 8; — Sohm, *op. cit.*, p. 54-55; — Brandileone, *loc. cit.*, p. 313 : « Dass der Ritus, den Ring an den Finger der Braut zu stecken, den germanischen Völkerschaften ursprünglich unbekannt war, wird nunmehr von den Schriftstellern im allgemeinen anerkannt » ; — Dom Leclercq, *loc. cit.*, col. 2188.

(2) C'est à tort qu'on présente souvent comme premier exemple de cette pratique l'envoi fait par Clovis à sainte Clotilde d'un anneau, dont Aurélien, son *nuntius*, était porteur; cfr. dom Leclercq, *loc. cit.*, col. 2190-2191. Quand on lit attentivement le récit de Frédégaire, *Epitomata*, 18 (dans Migne, P. L., t. LXXI, col. 581), on se rend compte que l'anneau en question ne joue pas le rôle d'*annulus pronubus;* il sert simplement à accréditer Aurélien auprès de Clotilde. Celle ci de même remet son anneau à Aurélien pour l'accréditer auprès de Clovis. Il n'y a pas encore de fiançailles. Il serait d'ailleurs étonnant qu'en 493, le Frank Clovis, encore païen, eût déjà adopté un usage romain et chrétien. On verra plus loin que le mariage de Clovis et de Clotilde s'est fait dans les formes saliques.

(3) Grégoire de Tours, *Vitae patrum*, XX (dans Migne, P. L., t. LXXI, col. 1003) : « Cum ad legitimam pervenisset aetatem,... ut *arram* puellae quasi uxorem accepturus daret, impellitur... Denique, dato sponsae *annulo*, porrigit osculum, praebet calciamentum, celebrat sponsalium diem festum ».

que le même usage avait été adopté par les Wisigoths,
que les femmes wisigothes ne portaient pas d'autres
anneaux que celui que leurs fiancés leur avaient envoyé,
et que ce dernier était toujours, comme à Rome, placé
au quatrième doigt de la main gauche. Isidore de Séville
s'attache d'ailleurs à donner de cet usage une explication
morale, en y voyant « le signe de la fidélité mutuelle, ou
encore mieux le gage de l'union des cœurs » (1); mais
dans les textes de lois, l'idée juridique persiste. Vers 650,
le roi wisigoth Chindaswind interdit de rien changer,
sinon d'un commun accord, aux conventions arrêtées
entre les fiancés ou leurs parents, que ces conventions
aient été ou non mises par écrit, du moment qu'il y a eu,
devant témoins, remise d'un anneau par le *sponsus* à la
sponsa « à titre d'arrhes » (2). Un passage d'Adelmus
prouve qu'à la fin du viie siècle, les fiancées anglaises
étaient aussi « subarrhées par l'anneau » (3).

Chez les Lombards, la remise de l'anneau servait de
même à confirmer les fiançailles. D'après un édit du roi
Liutprand, celui qui épousait une autre femme, après
avoir « subarrhé par l'anneau » une jeune fille parente
du roi, était condamné à une amende de 600 sous

(1) Isidore de Séville, *Etymol.*, XIX, 32, 4 : « Feminae non usae anulis,
nisi quos virgini sponsus miserat » (dans Migne, P. L.. t. LXXXIV, col. 702);
— et *De Ecclesiae officiis*, II, 20, n° 8 (*ibid.*, t. LXXXIII, col. 811-812) :
« Annulus a sponso sponsae datur; fit hoc nimirum propter mutuae fidei
signum, vel propter id magis, ut eodem pignore eorum corda jungantur.
Unde et quarto digito annulus idem inseritur, quod in eo vena quaedam (ut
fertur) sanguinis ad cor usque perveniat ».

(2) *Loi des Wisigoths*, III, 1, § 3 : « Ideoque a die latae hujus legis decer-
nimus, cum inter eos qui disponsandi sunt, sive inter eorum parentes aut
fortasse propinquos, pro filiarum nuptiis, coram testibus praecesserit definitio
et *annulus pronubus arrarum nomine* datus fuerit vel acceptus, quamvis
scripturae non intercurrant, nullatenus promissio violatur cum qua datus
est annulus et definitio facta coram testibus; nec liceat uni partem suam
immutare aliqualenùs voluntatem, si pars altera praebere consensum noluerit »
(loi de Chindaswind, 612-653). — Cfr. Friedberg, *loc. cit.*

(3) Adelmus († 709), *De laud. virginitatis* : « Annulo subarratam
sortitur virginem » (cité par Cujas, *ibid.*, t. VI, col. 425).

, d'or (1). Le roi part de là, pour infliger une amende de 600 sous d'or, « *ut praecedat causa Dei* », à l'homme qui aurait tenté d'épouser une vierge, non encore consacrée à Dieu, mais déjà revêtue du voile ou de l'habit monastique. En s'appuyant sur ce texte, M. Sohm a cru pouvoir soutenir que chez les Lombards la remise de l'anneau était nécessaire pour donner à la *desponsatio* sa valeur obligatoire et l'apparence d'un contrat *re*, ce qui évitait au fiancé de payer, avant la tradition de la fiancée, le prix d'achat du *mundium* (2). Mais M. Brandileone a longuement réfuté cette opinion, et soutenu à son tour, en se fondant sur l'assimilation établie par Liutprand entre l'anneau des fiançailles et le voile ou l'habit monastique, qu'il fallait voir dans l'anneau, non un élément essentiel, mais un simple signe de la *desponsatio*, comme on ne doit voir dans le voile ou l'habit monastique qu'un signe, et non un élément essentiel, de la *professio religiosa* (3). Peut-être est-il imprudent de trop presser une simple comparaison. S'il est exact de dire que la *subarrhatio cum annulo* n'est pas chez les Lombards un rite essentiel, il semble excessif de soutenir qu'elle n'a plus chez eux le sens d'arrhes : l'emploi du verbe *subarrhare* paraît significatif à cet égard. — En tout cas, en 866, dans sa célèbre réponse aux Bulgares, le pape Nicolas Ier indique clairement la persistance de l'idée : si, avant le jour des noces, le fiancé met au doigt de la fiancée « l'anneau de

(1) *Lois de Liutprand*, XXX : « Quia considerare debet omnis christianus, quod si quiscumque secularis homo parentem nostram secularem sponsat, cum solo *annulo* eam *subarrhat* et suam facit ; et si postea uliam uxorem duxerit, culpabilis invenitur solid. D. ».

(2) Sohm, *Trauung und Verlobung*, Weimar, 1876, in-8°, p. 16-18.

(3) Cfr. Brandileone, *loc. cit.*, p. 323 à 331, spécialement p. 328-329 : « Da aber uns bekannt ist, dass die *vestis* kein wesentliches Element des *votum* (*habitus non facit monachum*, sagte viel später Clemens III), sondern ein äusseres Merkmal war,... so wird man mit Sicherheit folgern, dass die *subarrhatio* nach der Auffassung des Gesetzgebers selbst kein wesentliches Element der *desponsatio*, deren Merkmal sie bloss war, gebildet hat ».

la foi », c'est pour confirmer l'accord par des *arrhes* (1).

4. — Ce dernier texte prouve que dans l'Église d'Occident, l'usage de l'anneau des fiançailles s'était perpétué jusqu'au milieu du ixᵉ siècle sous la même forme et avec le même sens qu'auparavant (2). Mais le moment approchait où cet usage allait se dédoubler, et où, d'abord à côté, ensuite à la place de l'anneau des fiançailles, allait paraître l'anneau nuptial, usité dans la cérémonie du mariage (3). A partir de ce moment, assez difficile à préciser, il n'est pas toujours aisé de savoir à quel anneau se rapporte tel ou tel texte. Ainsi, tandis que, pour Nicolas Iᵉʳ, il n'y a encore que l'anneau des fiançailles, il semble qu'en France, à la même époque, il soit déjà question de l'anneau du mariage. En 856, en effet, Hincmar, archevêque de Reims, donnant la bénédiction nuptiale à la fille de Charles le Chauve, Judith, qui épousait le roi des Anglais de l'Ouest, Edilvulf, s'adresse à elle en ces termes : « Reçois cet anneau, signe de fidélité et d'amour et lien de l'union conjugale, afin que l'homme ne sépare pas ceux qu'a unis Dieu, qui vit et règne dans tous les siècles des siècles » (4); il y a là une formule qui

(1) Nicolas I, *Resp. ad Bulgaros*, nov. 866, dans Gratien, *loc. cit.* : « Sed post sponsalia, que futurarum sunt nuptiarum promissio, federa quoque consensu eorum qui hec contrahunt, et eorum in quorum potestate sunt, celebrantur; et postquam *arrhis* sibi sponsam sponsus per digitum *fidei annulo* insignitam desponderit,... ambo ad nuptialia federa perducuntur ».

(2) Dans l'Église d'Orient au contraire, on constate au xiᵉ siècle, à propos des fiançailles, une modification que nous retrouverons plus tard à propos du mariage : les fiancés échangent leurs anneaux. Cfr. *Novelle d'Alexis Comnène*, entre 1080-1118 : « Conficiuntur sponsalia pignore, id est *permutatione annulorum*, et osculo amabili desponsatorum » (citée par Milan-Paul Jovanovic, *Étude sur les canons d'après la doctrine de l'Église chrét. d'Orient*, dans les *Mém. de l'Acad. de législation de Toulouse*, t. XLV [1896-1897], p. 311).

(3) Cfr. Sohm, *Das Recht der Eheschl.*, op. cit., p. 55 et 103.

(4) *Coronatio Juditheae*, 1ᵉʳ oct. 856 : « Accipe anulum, fidei et dilectionis signum atque conjugalis conjunctionis vinculum, ut non separet homo quos conjungit Deus, qui vivit et regnat in omnia saecula saeculorum » (dans Boretius, *Capitularia*, t. II, p. 426).

convient bien à l'anneau nuptial, mais qui ne convient plus à l'anneau des fiançailles (1).

Du xi⁰ au xiii⁰ siècle d'ailleurs, les fiançailles ont pris une telle importance que dans la forme elles ne se distinguent plus nettement du mariage (2). Aussi les mots qui servaient jusque-là à les désigner changent-ils de sens : les *sponsalia* deviennent les *épousailles*, c'est-à-dire le vrai mariage, si elles sont faites *per verba de presenti*; le *sponsus* devient l'*époux;* la *sponsa,* l'*épouse.* Pour distinguer les « promis » non encore mariés, il faudra employer d'autres noms, dérivés du mot *fiance,* qui, en vieux français, désigne une convention passée dans une certaine forme : on les appellera *fiancé* et *fiancée,* et la convention passée entre eux *per verba de futuro* s'appellera les *fiançailles* (3).

Au début du xiii⁰ siècle, le canoniste Huguccio († 1210) discutait la question de savoir si le port d'un anneau par une femme faisait présumer les fiançailles ou le mariage : les avis étaient partagés (4). Ils l'étaient encore deux siècles plus tard; car Nicolas de Tudeschis, le Panormitain, distingue : « Dans quelques régions, dit-il, l'anneau est donné au temps des fiançailles, et alors, dans le doute, il fait présumer les fiançailles; ailleurs, il est donné au moment du mariage, et signifie alors le

----

(1) Il s'agit en effet du *mariage* de Judith; cfr. *Ann. Bertin.,* ad ann. 856 (*ibid.,* p. 425) : « Edilvulf rex occidentalium Anglorum, Roma rediens, Judith, filiam Karli regis, mense julio *desponsatam,* kalendis octobribus in Vermaria palatio in *matrimonium* accipit, et eam, Ingmaro Durocortori Remorum episcopo benedicente, imposito capiti ejus diademate, reginae nomine insignit, quod sibi suaeque genti eatenus fuerat insuetum ».

(2) Il suffit, pour s'en convaincre, de lire la décrétale suivante d'Innocent III : « Quidam vir nobilis filiam suam, circiter XII annos habentem, cuidam viro nobili desponsavit, qui subarrhavit eamdem, consensu mutuo accedente : ... non conjugium, sed sponsalia contracta fuerunt, quamvis ab ipso viro eadem puella fuerit *subarrhata* » (*Decret. Gregorii noni,* lib. IV tit. 2, cap. 14).

(3) Cfr. les développements donnés par Sohm, *ibid.,* p. 78 et 101-103.

(4) Cfr. *Glose sur le Décret,* II, c. XXX, qu. 5, v⁰ *Annulus.* Ce texte sera reproduit et étudié plus loin, à propos de l'anneau nuptial.

mariage »; là où l'usage n'est pas fixé, le port de l'anneau ne peut entraîner de présomption ni dans un sens ni dans l'autre (1). Ce texte du Panormitain montre qu'au xvᵉ siècle, il régnait quelque incertitude sur l'usage de l'anneau dans les fiançailles, et qu'en certains lieux, il n'était plus pratiqué. Il l'était encore à Salerne en 1358 (2). Mais après les réformes du Concile de Trente relatives à la célébration publique du mariage, les fiançailles perdirent leur ancienne importance et tombèrent un peu partout en désuétude.

Dans les diocèses même où l'évêque défend de célébrer les mariages sans les avoir fait précéder de fiançailles à l'église (3), les formalités suivies pour ces dernières sont très simplifiées, et les rituels ne contiennent plus de formules de bénédiction pour l'anneau; il n'y en a que pour l'anneau nuptial (4). Aujourd'hui les futurs époux ont repris l'habitude de donner des bagues à leurs fiancées; mais, dans la plupart des cas, ces bagues ne sont pas bénites. C'est un simple cadeau, qui ne rappelle

(1) Panormitanus, sur *Decret. Greg. noni*, II, 23, ch. xi : « In aliquis partibus datur (annulus) tempore sponsaliorum, et tunc in dubio significabit sponsalia; in aliis datur tempore matrimonii, et tunc significabit matrimonium, etc. » — Cfr. Esmein, *Le mariage en droit canonique*, Paris, 1891, in-8°, t. I, p. 196; — et *infrà*, nᵒ 11.

(2) *Charte de 1358*, citée par Du Cange, *Gloss.*, vᵒ *Osculum*; — cfr. *infrà*, nᵒ 8.

(3) Les fiançailles étaient obligatoires en France dans les diocèses de Reims (concile de 1583), Langres, Sens, Bourges, Orléans, Paris, Chartres, Saint-Malo, etc. Cfr. Dom Martène, *De antiquis Ecclesiae ritibus*, 2ᵉ éd., Anvers, 1736, in-f°, t. II, col. 315; — *Rituel du diocèse de Bourges*, publié par ordre de Mgr de la Rochefoucauld, Bourges, 1716, in-4°, p. 380 : « Suivant l'ancien usage de ce diocèse, on ne célébrera aucun mariage qui n'ait été précédé de fiançailles faites en face de l'Église » ; — Durand de Maillane, *Dict. de droit canonique*, 3ᵉ éd., Lyon, 1776, in-4°, t. III, p. 59, vᵒ *Fiançailles*.

(4) Dom Martène, *op. cit.*, col. 316, le faisait déjà remarquer; et de fait les anciens rituels des églises d'Amiens, de Châlons, de Limoges, et de Reims, dont il publie le texte, n'indiquent pour les fiançailles qu'un seul rite, sur lequel nous reviendrons, la jonction des mains : cfr. *ibid.*, col. 372 (Amiens), 376 (Châlons), 378 (Limoges), 382 (Reims). Il en est de même du rituel de l'Église de Bourges de 1716 (*op. cit.*, p. 411-414).

plus que de loin l'anneau de fer de l'époque de Pline. Il faut noter cependant que dans les milieux catholiques, sous l'impulsion du décret *Ne temerè*, les fiançailles *in facie Ecclesiae* recommencent à être pratiquées. Dans ce cas, la bague donnée à la fiancée est présentée d'abord au prêtre, qui la bénit, mais sans formule spéciale.

§ II. — Le baiser des fiançailles.

5. — Le baiser des fiançailles (*osculum*) était aussi un usage romain, plus récent toutefois que la tradition de l'anneau. Chez les anciens Romains, en effet, lesbaisers ne s'accordaient pas facilement, même à un fiancé. Ovide y voyait une atteinte à la chasteté de la *sponsa*; et, à la fin du 1ᵉʳ siècle, Quintilien n'était pas loin de considérer les fiancés pubères qui l'avaient échangé comme déjà mari et femme (1). L'usage du baiser cependant se répandit peu à peu chez les chrétiens. Tertullien, qui le mentionne, semble encore s'en offusquer (2). Mais au ivᵉ siècle, l'*osculum* était entré dans les mœurs; et en 336, Constantin, dans une constitution célèbre adressée au vicaire des Espagnes, lui donnait un effet juridique, à propos des donations *antè nuptias*.

(1) Quintilien, *Declamat.*, 279, dit en effet que le baiser ne suffit pas pour qu'un impubère, incapable d'engendrer, soit regardé comme mari : « Nec satis est maritum tantum *osculo* putari ». — Cfr. Cujas, *Comment. sur le Cod. Just.*, V, 2 (*ibid.*, t. VII, col. 853) : « .. ut scilicet distinguamus, an in sponsalibus carpserit *osculum* sponsusan non. Nam hujus rei veteres erant religiosissimi, ut etiam pleraeque nationes, ne cuiquam detur temerè osculum, ne sponso quidem... Nec tamen satis est, ut ait Quintilianus, *Declam.* 279, uxorem aut maritum osculo tantum putari »; — *ibid.*, t. VII, col. 211; — *ibid.*, t. VI, col. 668 : « Propter interventum *osculi*, quod erat apud Romanos quasi arra concubitus, ut patet, vel ex Ovidio, et castitatem sponsae attingere videtur ».

(2) Tertullien, *De velandis virginibus*, ch. xi : « Atquin etiam apud ethnicos velatae ad virum ducuntur. Si autem ad desponsationem velantur, quia et corpore et spiritu masculo mixtae sunt per *osculum* et dextras, per quae primum resignarunt pudorem spiritus » (dans Migne, P. L., t. II, col. 905).

Ces donations, on le sait, étaient faites par le fiancé à la fiancée *avant* le mariage, mais *en vue* du mariage : il en résultait qu'au cas où, par suite de la mort prématurée de l'un des fiancés, le mariage ne pouvait être célébré, la fiancée n'acquérait rien de la donation. Constantin maintint la règle ancienne, lorsque les fiançailles n'avaient pas été accompagnées de l'*osculum*, mais la modifia, lorsque l'*osculum* était intervenu; dans ce dernier cas, la donation n'était résolue que pour moitié. La réciproque n'était pas admise; c'est-à-dire que les donations faites par la future épouse à son fiancé, « *quod raro accidit* », étaient dans les deux cas résolues pour le tout, qu'il y eût eu ou non *osculum* (1). Il résultait de là que l'*osculum* marquait dans les préliminaires du mariage une période nouvelle : il augmentait pour la jeune fille le « droit des fiançailles » (2). Constantin le traitait comme s'il eût été un commencement de consommation du mariage (3). Saint Ambroise de même

(1) *Code Théod.* (éd. Haenel), III, 5, loi 6, ad Tiberianum vicarium Hispaniarum : « Si ab sponso rebus sponsae donatis interveniente *osculo* ante nuptias hunc vel illam mori contigerit, dimidiam partem rerum donatarum ad superstitem pertinere praecipimus, dimidiam ad defuncti vel defunctae heredes, cujusibet gradus sint et quoc unque jure successerint, ut donatio stare pro parte media et solvi pro parte media videatur: *osculo* vero non interveniente, sive sponsus, sive sponsa obierit, totam infirmari donationem, et donatori sponso sive heredibus ejus restitui. — § 1. Quodsi sponsa, interveniente vel non interveniente *osculo*, sponsaliorum titulo, quod raro accidit, fuerit aliquid sponso largita, et ante nuptias hunc vel illam mori contigerit, omni donatione infirmata, ad donatricem sponsam sive ejus successores donatarum rerum dominium transferatur. — Dat. id. Jul. Constantinopoli (336) ». — L'*Interpretatio* n'ajoute rien au texte. — Cfr. Esmein, *Le testament du mari et la donatio ante nuptias*, dans la *Nouvelle Revue histor. de droit français et étranger*, année 1884, p. 22-23 ; — et Ambroise Colin, *Des fiançailles*, Paris, 1887, in-8°, p. 68.

(2) Cujas, *ibid.*, t. VII, col. 211 : « Quasi jus *osculi* auxerit jus sponsalium » ; — *adde* col. 853.

(3) Cfr. Cujas, *ibid.*, t. VII, col. 211 : « Et qui *osculum* accepit, quasi maritus sit, aut certè plus quam sponsus »; — col. 853: « Et quae praebuit *osculum*, sit quasi uxor, vel plus quam sponsa »; — Pothier, *Traité du contrat de mariage*, n° 43 : « Selon les mœurs des Romains, bien

y voyait « le gage des noces et une prérogative du mariage »; parlant de l'Église, il dit « qu'elle a reçu l'*osculum* comme une fiancée ; et qu'elle est introduite dans la chambre du Christ, non plus comme une simple fiancée, mais déjà comme une épouse » (1). Saint Jean Chrysostome dit dans le même sens que « le saint baiser associe les âmes, réconcilie les esprits, et montre qu'il n'y a qu'un corps » (2). Au v⁰ siècle, dans son roman de *Clitophon et Leucippe*, Achilles Tatius considère « que la fiancée est déjà épouse par le baiser » (3). De là, l'importance croissante attachée à ce rite, que l'Église a d'ailleurs admis dans d'autres cérémonies (4).

6. — La loi romaine des Wisigoths, promulguée en 506, a recueilli dans son texte la constitution de Constantin de l'an 336 (5), que les abrégés de cette loi faits au viii⁰ siècle résument encore avec soin (6). Dans la vie de

différentes des nôtres, une fille n'admettait aucun homme à la baiser au visage, pas même son fiancé. Lorsqu'elle y avait admis son fiancé, le fiancé *videbatur pudicitiam ejus praelibasse; in cujus pudicitiae praelibatae præmium*, la fiancée, lorsque le mariage manquait, retenait la moitié de ce qui lui avait été donné »; — E. Meynial, *Le mariage après les invasions*, dans la *Nouv. Rev. histor.*, année 1896, p. 527.

(1) Saint Ambroise, *Epist.*, 18 : « Sola Ecclesia habet oscula quasi sponsa : *osculum* enim quasi pignus est nuptiarum et praerogativa conjugii »; — *Comment. sur le psaume* 114 : « Ut *osculum* quasi sponsa acceperit : in cubiculum autem Christi sit introducta Ecclesia, non jam quasi tantummodo desponsata, sed etiam quasi nupta ».

(2) Saint Jean Chrysostome, *Homilia de proditione Judaeae*, cité par J. Godefroy, *Comm. du Code Théod.*, III, 5, loi 5.

(3) Ach. Tatius, *De Clitoph. et Leucipp. amoribus*, 4 : « Μέχρι μόνον τῶν φιλημάτων ἔστι μοὶ γυνή » (cité par Cujas, *ibid.*, t. VII, col. 242).

(4) Cfr. Meynial, *loc. cit.*, p. 528.

(5) Cfr. *Lex romana Wisigoth.* (édit. Hœnel), III, 5, loi 5, avec l'*Interpretatio*.

(6) Cfr. *Epitome Aegidii* (début du viii⁰ siècle) : « Si quando sponsalibus celebratis interveniente *osculo* sponsus aliqua sponsae donaverit et mortuus ante nuptias fuerit, puella medietatem sibi vindicet; et si puella ei aliquid dedit et ante nuptias mortua fuerit, ejus propinqui, quicquid puella dederit, revocent »; — *Scintilla* : « Si qua sponsus *pro osculum* puellae dederit et mortuus fuerit, puella medietatem sibi solemniter vindicabit »; — *Epitome cod. Guelpherbytani* (entre 754-769) : « Interveniente *osculo*, que donat

saint Léobard, Grégoire de Tours le montre donnant
(vers 570) l'*osculum* à sa fiancée (1) : il s'agit là certainemment d'un baiser véritable. Mais chez les Franks, dès le
IX⁰ siècle, le mot *osculum* a changé de sens, sous l'influence de la constitution de Constantin désormais mal
comprise (2).

Les mots *osculo interveniente* sont en effet interprétés
comme signifiant qu'il a été rédigé un écrit constatant la
donation *ante nuptias;* et *osculum* devient, dans les
libelli dotis et les formulaires de l'époque carolingienne,
synonyme d'*instrumentum !* Il est impossible d'en douter
quand on lit certains *libelli dotis* et certaines formules
du IX⁰ siècle publiés par Zeumer (3). Dans ces textes, le
fiancé, après avoir déclaré qu'il faisait une donation à sa
fiancée *osculo intercedente*, ajoute qu'il lui fait tradition
des choses données *per hunc osculum, per hunc titulum
osculi, per hanc titulum osculum* (sic) *intercedentis;* il
menace d'une amende ceux qui voudraient agir *contra
hunc osculum*, ou, ce qui est plus significatif encore,
signe en ces termes : « *Signum Borchardi, qui istum
osculum fierit jussit* » (4). Certains *libelli dotis* expli-

vel tradit spunse vir, si moriatur, cum heredibus ex medio dividitur » (dans
l'édit. de la *Lex rom. Wisigoth.* d'Hœnel).

(1) Grégoire de Tours, *Vitae patrum*, 20 : «...porrigito sculum ».

(2) Dans une formule de Bourges datée de 805, on trouve l'expression
osculum pacis qui n'a plus un sens précis : « Propterea pro amore dulcedinis vel osculum pacis, cedo tibi a diac presentae, etc. » (dans Zeumer, *Formulae merow. et karol. aevi*, Hanovre, 1886, in-4⁰, p. 175, form. 15).

(3) Zeumer, *op. cit.*, p. 538 à 540 : *libelli dotis* nᵒˢ 9, 10, 11; p. 163 :
Append. aux formules de Tours, nᵒ 2. — Les *libelli dotis* nᵒˢ 9 et 10 ont
été rédigés dans l'Orléanais; le nᵒ 10 est daté du règne de Pépin, roi
d'Aquitaine, sans qu'on puisse savoir s'il s'agit de Pépin Iᵉʳ (814-838) ou de
Pépin II (838-844). La formule nᵒ 2 de l'Appendice aux formules de Tours
est rédigée presque entièrement comme le *libellus dotis* nᵒ 10.

(4) *Libellus dotis* nᵒ 9 : « Et caedo ei, *osculum* interveniente, anulo circumdata restringente, in die nuptiarum aliquid de rebus propriis; quae sunt
ita... Haec omnia superius conscripta, sponsa mea jam dicta, per hunc *osculum* a die presente tibi trado, transfero, atque transfundo, etc. Signum
Borchardi, qui istum *osculum* fieri jussit » ; — *Libellus* nᵒ 10 : « Propterea
placuit mihi, ante diem nuptiarum, a die presente aliquid de rebus meis...

quont qu'en rédigeant cet *osculum intercedens*, ils obéissent au Code Théodosien qui a ordonné de mettre par
écrit tout ce que le futur mari veut donner à sa fiancée
avant le jour des noces : c'est une allusion évidente à la
constitution de Constantin (1).

Il est assez aisé de comprendre comment ce changement de sens, au premier abord singulier, a pu se produire. Le baiser comportant depuis Constantin un effet
juridique, il était naturel qu'on cherchât à s'en procurer
une preuve indéniable. Le plus simple était de faire constater par écrit qu'il avait été échangé entre les fiancés.
Cet écrit devait forcément ajouter quelques indications
sur le montant de la donation, dont une moitié était
désormais acquise à la fiancée, même si le mariage ne
s'ensuivait pas. Qu'on ait donné sous les Franks à ce
procès-verbal de baiser le nom d'*osculum* ou de *titulus
osculi*, et qu'on l'ait ensuite confondu avec l'*instrumentum donationis*, cela n'a rien de surprenant.

Aussi bien l'évolution du sens du mot ne s'arrêta pas
là : après avoir désigné l'écrit contenant une donation,
osculum on vint à désigner la donation elle-même. L'une
des formules citées plus haut marque à cet égard la tran-
sition. Après avoir fait donation « *per hunc titulum
osculum intercedentis* », le fiancé défend en terminant
d'agir « *contra hanc donatione, quod est osculus intercedentis a me factus* » (2) : on voit déjà les deux mots
donatio et *osculum* pris l'un pour l'autre. Dans un autre
libellus dotis, qui semble un peu postérieur, un fiancé

per hunc titulum *osculi* intercedentis, etc. ». — Dans le *Libellus* n° 11,
rédigé comme le précédent, à la place d'*osculum*, on lit : *testamentum
dotis, contra hanc dotis titulum* (dans Zeumer, *loc. cit.*).

(1) *Libellus dotis* n° 10 (*loc. cit.*) : « ... Sicut in Theodosiano codice *De
sponsalibus et ante nuptias donationibus* auctoritas narrat, videlicet ut,
quicumque vir ad sponsam suam de rebus propriis ante dies nuptiarum
aliquid concedere vel conferre voluerit, per seriem scripturae hoc alligare
permittat vel curet ».

(2) *Append.* aux formules de Tours, form. 2, *loc. cit.*

déclare vouloir se conformer « au bel usage qui s'est introduit, que quiconque veut épouser une femme doit sur son propre bien lui faire un *osculum* légal »; il ajoute : « En conséquence, ma très chère fiancée, je te constitue en *osculum* tel et tel de mes biens, selon le rite de nos ancêtres » (1).

7. — L'*osculum* finit ainsi par se confondre avec la *donatio ante nuptias* dans les pays de droit écrit, avec la *dos ex marito* ou douaire dans les pays de droit coutumier (2). Dès le xiᵉ siècle, *osculum* a ce sens dans une charte de l'abbaye de Beaulieu en Limousin (3). Au xiiᵉ siècle, il est synonyme de *dotalitium* dans le contrat de mariage de Guillaume VII, seigneur de Montpellier (4). Au xiiiᵉ siècle, il n'est pas rare, dans le centre de la France, de voir le douaire désigné sous le nom d'*oscle* ou *osclage; osclare* est devenu synonyme de *dotare*, « douer ». On peut citer à titre d'exemples : — la charte de franchise de Charroux en Poitou (1247), qui consacre à l'oscle plusieurs articles, et le réglemente différemment suivant que l'épouse était, au moment du mariage, vierge

(1) *Libellus dotis*, nᵒ 15 (*loc. cit.*, p. 543) : « His igitur auctoritatibus commonitus, ego N. te, amantissimam sponsam meam N., non sine legitimo meorum atque parentum tuorum assensu in uxorem habere dispono, et de rebus meis secundum ritum antecessorum nostrorum tibi *osculum* constituo, dans tibi ista et ista ».

(2) Cfr. Brissaud, *Hist. générale du droit français*, Paris, 1904, in-8ᵒ, p. 1013, note 7 : « L'oscle, dans les documents du Moyen âge, signifie la donation elle-même ».

(3) *Cartulaire de Beaulieu* (édit. Deloche, Paris, 1859, in-4ᵒ), p. 151 : « Quam convenientiam Galterius transgrediens dedit eam *osculo* uxori suae Elianae malo ordine et non recte (entre 1032-1060) »; — p. 62, test. d'Ebles II de Ventadour : « Omnia quantum ipse uxori meae tradidi ad habendum, sive per *osculum* sive per cartam traditionis, omnia post mortem ejus sancto Petro remaneant (entre 1165-1170) ».

(4) Cfr. Paul de Salvandy, *Essai sur l'hist. et la législ. particulière des gains de survie entre époux*, Paris, 1855, in-8ᵒ, p. 97. — Les coutumes de Milan de 1216 rappellent la const. de Constantin : « Si nomine sponsalitiorum annulus, vel corona, vel cingulum,... detur, matrimonio non secuto, medietas redditur, si *osculum* intercesserit » (cité par Brandileone, *loc. cit.*, p. 322, note 1).

ou veuve, noble ou roturière (1); — la charte de Villefranche en Bourbonnais (1256), qui fait porter l'*osculum*
des femmes sur la moitié des biens du mari, comme le
douaire (2); — puis une série d'autres où l'*osculum* est
assimilé, soit à la *dos* (douaire), soit à la *donatio propter
nuptias;* ou, ce qui revient au même, distingué de la
dot au sens romain du mot; telles sont les chartes de
franchise de Bengy (1257) et de Châteauneuf (1258) en
Berry (3), diverses chartes de Poitou et d'Auvergne de
1294 et 1298 (4), de Philippe V en 1320, de la Chambre des

(1) *Seconde charte de Charroux*, 1247, art. 12 : « Si aucuns hom de
Charros prent femme, si il la prent pucelle, il li donet *ocle*, ce est assaver
lo ters des meubles que il prent ob liey; si il ne la prent pucelle, li uns
donet *ocle* à l'autre egalment »; *adde* art. 15, 17, 18 (dans Ch. Giraud,
Essai sur l'hist. du droit français au Moyen âge, Paris, 1846, in-8°,
t. II, p. 402).

(2) *Charte de Villefranche en Bourbonnais*, concédée par Eudes, sire
de Bourbon (1256) : « Si... de medietate rerum suarum *osclet* eam, et de
medietate rerum quas adquiret *hereditat* eam » (dans La Thaumassière,
Cout. locales de Berry, Bourges, 1679, in-f°, p. 230). On remarquera l'op-
position établie entre les deux mots *osclet* et *hereditat*, ce dernier impli-
quant propriété, et le premier seulement usufruit, comme l'indique nettement
la charte de Châteauneuf, *infrà cit.*

(3) *Charte de franchise de Bengy* (1257), art. 8 : « ... immobilia sibi
data in matrimonium, in dotem, in *osclium* seu donationem propter nuptias »;
— *Charte de Châteauneuf-sur-Cher* (1258), art. 30 : « Item, si aliquis vir
vel uxor aliqua bona nomine dotis sive *osclii* de bonis uxoris vel mariti
praemortuorum teneat, illa bona non teneat, nisi quamdiù vixerit; et post
ejus decessum, ad illos deveniant ad quos debent de consuetudine et usu
patriae devenire » (dans La Thaumassière, *op. cit.*, p. 93 et 158). Cfr.
H. Mallard, *Le droit des gens mariés d'après les coutumes de Berry*,
Paris, 1905, in-8°, p. 115-121. — Pour le Berry, on peut ajouter un arrêt du
Parlement de 1276 condamnant Robert de Clamecy à payer à Ermengarde
de Clamecy, veuve d'un citoyen de Bourges, « trecentas libras, item decem
libras pro *osculo* » (*Olim*, t. II, p. 84; cfr. p. 73); — et la charte de fon-
dation de la Sainte-Chapelle de Bourges en 1405 (dans *Gallia christiana*,
t. II, col. 34).

(4) *Charte de 1294*, conservée par Dom Estiennot, *Antiq. de Poitou :*
« Renonçans à tous privileges... octroyés à femme... soit pour *oscle*,
pour douaire, pour mariage, ou pour donation pour noces... »; — *Charte*
de l'abbaye de Nanteuil-en-Poitou (1298) : « ...,dotis, *osclii*, seu dotalicii »
(citées par Du Cange, *Gloss.*, v° *Osculum*, t. VI, p. 74, col. 2); — *Charte*
de Guillaume de Hala (1298) : « ... quae idem dominus Guigo dedit ei

comptes de Paris en 1325 (1), etc. L'oscle ou ousclage est
encore mentionné dans le *Livre des droiz et des commandemens d'office de justice*, très répandu en Poitou à
la fin du xiv° siècle (2), dans les Coutumes rédigées de la
Rochelle et d'Angoumois (3), et jusqu'au xviii° siècle dans
les contrats de mariage de Limoges (4); partout il appa-
rait comme un gain de survie au profit de la veuve.

8. — Nous voilà loin du baiser des fiançailles, si loin
qu'on peut se demander si l'usage s'en était perpétué? A
cette question, il est difficile de répondre d'une façon
générale ; mais çà et là, il est possible de constater la
survivance du rite. Ainsi nous savons qu'il était pratiqué
au xii° siècle dans l'Église grecque (5), et aussi dans le

(uxori) ad vitam suam nomine dotalicii, *osclii*, seu donationis propter nuptias » (dans Baluze, *Hist. d'Auvergne*, t. II, p. 542).

(1) *Charte* de Philippe V (1320) : « ... donationem propter nuptias sive
osculum »; — *Charte* de la Chambre des comptes (1325) : « ... sive *osculi*
et donationis propter nuptias » (citées par Du Cange, *ibid.*, col. 1). Du
Cange donne quelques autres exemples.

(2) *Livre des droiz et des commandemens d'office de justice* (antérieur à 1372), édit. Beautemps-Beaupré, Paris, 1865, § 934 : « Et est *ousole*
c'est le tiers deniers de ce que son marit ot en mariage d'elle en argent et
meuble, que la femme doit prendre sur les biens de l'homme après sa mort ».

(3) *Cout. de la Rochelle* (1514), ch. xv : De douaire et ousclage. art. 46 :
« La femme, après le décès de son mary, a son choix de soy tenir à ses
droits de mariage, qui sont ce qu'elle a apporté à son mary, ou l'estimation
qui en a esté faite, avec ce qu'il luy a donné pour son *ousclage*, avec ses
anneaux, bagues, joyaux, et habillemens de son corps, etc. »; — *Cout.
d'Angoumois* (1514), art. 47 : « ... auquel dernier cas, elle aura lesdits
deniers par elle portez en faveur de son mariage, et pour son douaire ou
oscle (Bourdot de Richebourg, t. IV, p. 844, a imprimé : *ou elle!*) aura le
tiers des deniers seulement en montant ».

(4) *Contrats de mariage* du 19 janv. 1629 : « ... le droit d'*oscle* expressément stipulé au profit de ladite demoiselle sa femme »; — du 26 août
1645 : « ... avec le droit d'*oscle* suivant la coutume de la dite ville donnée
à entendre aux parties »; — de mai 1740 : « ... il a été convenu que le droit
d'*oscle* demeure par exprès stipulé au profit de la future épouse » (cités par
V. Vandermarcq, *Étude du droit matrimonial et successoral dans l'ano.
cout. de Limoges*, Paris, 1907, in-8°, p. 66-67). — *Adde* : L. Guibert, *La
famille limousine d'autrefois*, Limoges, 1883, p. 42.

(5) Cfr. la *Novelle d'Alexis Comnène, suprà cit.* : « ... et *osculo* amabili
desponsatorum ».

royaume latin de Jérusalem, où il produisait un effet
juridique plus radical que dans la constitution de Constantin. D'après les *Assises de la Cour des bourgeois*,
quand deux fiancés s'étaient fait des dons et que l'un
d'eux mourait avant le mariage, le donataire survivant
ne pouvait conserver que la moitié des choses données ;
mais, s'il y avait eu baiser échangé, il pouvait garder
le tout (1). Du Cange cite une charte de 1358 relative à
Salerne (Italie), où l'on voit les fiancés se donner « un
baiser réciproque », après la remise de l'anneau par
le futur (2). En Berry, le rite du baiser devait exister
encore au xv⁰ siècle ; sans cela, on ne comprendrait pas
comment l'un des interpolateurs de l'ancien Coutumier,
discutant la question de savoir si la fiancée peut conserver les dons à elle faits par son fiancé, quand celui-ci
meurt avant la « solempnization » du mariage, aurait
pu répondre que tout demeurait à la fille « pour la cause
du *baisier* », et ce conformément à la « raison escripte ».
Il y a là une adaptation de la constitution de Constantin,
qui suppose le même usage qu'en 336 (3). A Périgueux,
au xvi⁰ siècle, le prêtre qui présidait aux fiançailles invi-

(1) *Assises de la Cour des Bourgeois*, ch. clxv (édit. Beugnot, *Ass. de
Jérusalem*, t. II, p. 113) : « S'il avient qu'aucuns hom ait aflée feme, et il
li a doné ou fait doner aucune chose, si com est dit desus, et il avient que
l'un des deus meurt avant qu'ils se soient pris par mariage, la raison com-
mande qu'il ne les hairs dou mort ne pueent demander de ce qu'il a baillé
à feme ou la feme au baron, qui morte est, se non la mité de ce qu'il baillé
fu. Mais s'il l'avet *baisée* à l'afler, n'en pevent riens demander les hairs dou
mort à celuy ni à cele à cuy fu li dons donné ».

(2) *Charte de 1358* : « Eamdem domicellam annulo fidei et matrimonialis
foederis subarravit (futurus sponsus), sibique ad invicem maritalis conjugii
osculum praebuerunt » (dans Du Cange, *ibid.*, col. 2).

(3) *Anc. coutumier de Berry*, ch. clxi : « Vray est que tous les dons
que le mary luy aura donnés, d'or ou d'argent, ou d'aultres choses, seront
et demourront à la fille, et les dons que les parens luy auront faiz en faveur
dudit mariaige aussi, pour la cause du *baisier* ; et cecy est en raison escripte
que elle le gaigne pour cause du *baisier* ; car se ung aultre estrange la
baisoit, elle seroit dicte infâme » (dans La Thaumassière, *op. cit.*, p. 305).
Sur cet ancien coutumier de Berry, cfr. E. Chénon, *L'anc. cout. du pays
de Berry*, dans la *Nouv. Rev. hist. de droit*, année 1903.

tait à la fin les époux « à se baiser en nom de maria-
ge » (1). En Espagne, au xviie siècle, le P. Sanchez appliquait purement et simplement la constitution de Constantin (2). Mais en France, le baiser était alors réputé
simple « civilité » et ne produisait plus d'effet juridique (3).
Il en est de même aujourd'hui, là où il survit dans les
mœurs.

Il faut ajouter qu'au Moyen âge, dans certains diocèses,
tels que Rennes, Évreux, Paris, York, on retrouvait le
rite du baiser, sous une autre forme, dans la liturgie du
mariage. A la fin de la messe, avant la communion,
l'époux s'approchait du prêtre célébrant, en recevait le
baiser de paix, puis le reportait à l'épouse en l'embras-
sant (*osculans*), et ensuite, disent les textes, « ni lui, ni
elle n'embrassent personne » ; c'est au clerc, assistant le
célébrant, à recevoir de lui à son tour le baiser de paix
pour le reporter, selon la coutume, aux assistants (4). A

(1) *Rituel* de Périgueux de 1538 : « Or beysas vous en nom de maridage
que sera si à Dieu platz, et que longuement quant y serés y puchias demourer.
Amen » (cité par J.-B. Thiers, *Traité des superstitions qui regardent les
sacrements*, Paris, 1704, in-12. t. IV, p. 482).

(2) Sanchez, *Disputat. de sancto matrimonii sacramento*, Anvers,
1652, in-f°, lib. VI, disp. 23, n° 10 : « Sed dicendum est acquiri sponsae
per *osculum* quoad medietatem, et per copulam integre ». — Heckelius,
De osculis, Leipzig, 1689, et Friedberg, *op. cit.*, p. 28, note 1, citent quelques autres textes mentionnant l'*osculum* ou *basium*.

(3) Merlin, *Répertoire de jurisprud.*, 5ᵉ éd., Bruxelles, 1826, in-8°,
t. XII, p. 177 : « Mais en France, où ces sortes de baisers ne sont considérés
que comme une simple civilité, la fiancée en pareil cas n'est point en droit
de rien retenir; et Godefroy, Mornac, Louet, et Automne disent que cette
loi (de Constantin) n'est point suivie dans le royaume ».

(4) Cfr. Dom Martène, *op. cit.*, col. 355 (d'après un missel ms. de *Rennes*,
du xiᵉ siècle) : « Ad ultimum praedictus sponsus pacem de presbytero
accipiat, suaeque sponsae ipse ferat » ; — col. 359 (d'après un pontifical
ms. du xiiᵉ siècle conservé au monastère de Lyre, au diocèse d'*Evreux*) :
« Tunc surgant ab oratione, et accipiat sponsus pacem à sacerdote, et ferat
ad sponsam, *osculans* eam, et neminem alium, nec ipse, nec ipsa; sed clericus
post ipsum, a presbytero pacem accipiens, ferat aliis sicut solitum est »
(même formule dans le *Missale d'York*, cité par Friedberg, *op. cit.*, p. 44);
— col. 376 (d'après un missel ms. du xvᵉ siècle de l'Église de *Paris*:

Liége et à Milan, le rite s'était déformé : c'était le ministre du célébrant qui recevait de lui « la paix », et qui se contentait ensuite de l'apporter, d'abord à l'époux, puis à l'épouse, et enfin aux assistants (1). Il n'y avait plus là le baiser mutuel des premiers temps (2).

§ III. — La jonction des mains.

9. — Le troisième rite que nous devons étudier, la jonction des mains (*dextrarum junctio*), est commun à la fois aux fiançailles et au mariage. Unir leurs mains pour exprimer leur accord, est un geste si naturel aux hommes qu'il n'est pas surprenant de le rencontrer dans les deux cérémonies. On a fait remarquer bien des fois « qu'il y avait là un vieil usage des peuples primitifs, et particulièrement des Indo-Européens » (3). L'Église l'a reçu d'eux par l'intermédiaire des Juifs, des Grecs, et des Romains. Chez les Juifs, en effet, plusieurs siècles déjà avant Jésus-Christ, on voit Raguel mettre la main droite de sa fille Sarah dans la main droite du jeune Tobie, en prononçant cette formule de bénédiction : « Que le Dieu

« Accedat sponsus ad sacerdotem et accipiat ab eo pacem; deinde det sponsae. Clericus vero accipiat pacem à sacerdote et det populo ».

(1) *Ibid.*, col. 336 (rituel de *Liège*) : « Excipient (osculum pacis) a ministro celebrantis, qui id, tanquam signum caritatis et perpetuae pacis Christi cum sponsa sua Ecclesia, à sacrificante acceptum deferet primum sponso, ac deinde sponsae, et posteà ordinatè ceteris in honorem nuptiarum praesentibus » ; — col. 389 (rituel ambrosien publié par le card. César Montii, archev. de *Milan*) : « Dator pax sponso primum, deinde sponsae ». — Cfr. sur ce baiser de paix : Mathieu Beuvelet, *Instruction sur le Manuel*, 5ᵉ édit., Paris, 1671, in-12, p. 363-365.

(2) Cfr. Léon Gautier, *La Chevalerie*, Paris, 1884, in-4°, p. 431.

(3) Cfr. Esmein, *Études sur les contrats dans le très ancien droit français*, Paris, 1880, in-8°, p. 98; — F. Nicolaÿ, *op. cit.*, t. III, p. 330 : « Chez les Aryas primitifs de la Bactriane, berceau de nos ancêtres, le mariage est un contrat sacré symbolisé par l'union des mains, etc. Aussi le mariage s'appelle-t-il *la prise de main*, et le futur *le preneur de main*. En présence du prêtre ou du chef de famille, l'époux place la main droite de l'épouse dans la sienne, et prononce certaines paroles pieuses ».

d'Abraham, le Dieu d'Isaac, et le Dieu de Jacob soit avec vous, que Lui-même vous unisse, et qu'Il accomplisse sa bénédiction en vous » (1). Nous aurons à constater bientôt l'influence de ce texte dans la liturgie catholique du Moyen âge.

A Athènes, les fiancés échangeaient leurs serments en unissant leurs mains droites, en présence de témoins : c'était le rite essentiel du mariage (2). A la fin du ıv⁴ siècle, il était toujours pratiqué dans le monde grec. Grégoire de Nazianze y fait une allusion très claire dans une lettre écrite à Anysius. S'excusant de ne pouvoir assister aux noces de sa fille, il dit qu'il y sera présent d'esprit, et que, par la pensée, il joindra ensemble les mains droites des jeunes gens (3). — Le même rite se retrouve dans les cérémonies qui accompagnent les différents mariages romains. Dans le mariage par *confarreatio*, le *flamen dialis*, dans les autres une matrone, appelée *pronuba*, amenait l'un vers l'autre les deux époux, et leur faisait joindre leurs mains droites, en prononçant quelques paroles solennelles (4). Ce rite avait été adopté par les

---

(1) *Tobie*, VII, 15 : « Et apprehendens dexteram filiae suae, dextrae Tobiae tradidit (Raguel), dicens : Deus Abraham, et Deus Isaac, et Deus Jacob vobiscum sit, et Ipse conjungat vos, impleatque benedictionem suam in vobis ». — Cfr. Beuvelet, *op. cit.*, p. 348-349.

(2) Cfr. Ouvré, *Le rég. matrimonial au temps d'Homère*, dans les *Annales de la Faculté des lettres de Bordeaux*, année 1866; — Cl. Bader, *op. cit.*, p. 24; — Beauchet, *op. cit.*, p. 119; — F. Nicolay, *op. cit.*, t. III, p. 252; — Collignon, *loo. cit.*

(3) Cité par Dom Martène, *op. cit.*, col. 347, en ces termes : « Animo et voluntate adsum, simulque festum celebro, juvenilesque *dextras* inter se *jungo*, atque utrasque Dei manui ».

(4) Térence, *Andrienne*, vers 297 : « Hanc mihi in manum dat »; — Stace, I, 2, vers 11-12 :

> Ipsa manu nuptam genetrix Aeneia ducit
> Lumina demissam et dulci probitate rubentem ;

— Claudien (m. en 408), XXX, 128, dans une scène où Vénus joue le rôle de *pronuba* :

> Tum dextram complexa viri dextramque puellae
> Tradit, et his ultro sancit connubia dictis.

— Cfr. Dezobry, *Rome au siècle d'Auguste*, 4⁴ éd., Paris, t. III (1875),

chrétiens (1); mais au début du v⁰ siècle, saint Augustin
le déclarait inutile, du moment que les mariés avaient
exprimé de cœur et de bouche un consentement mutuel (2).

10. — A cette époque, le rite de la jonction des mains
était-il pratiqué à la fois dans les fiançailles et dans le
mariage? Le défaut de textes ne permet pas de répondre
à cette question. Au Moyen âge, on peut sans hésiter
admettre l'affirmative. La poignée de mains est alors
devenue la principale forme du contrat formaliste, sous
le nom de *fides, fides corporalis*, ou mieux *fides manua-
lis* (3). Cette forme de contracter, qui s'appelait en vieux
français *fiance*, s'est appliquée aux *fiançailles*, dont le
nom est significatif (4). C'est aussi le moment où les
fiançailles se confondent plus ou moins avec le mariage
lui-même : seconde raison pour qu'il y ait entre les rites
des deux cérémonies une véritable compénétration. Une
formule du x⁰ siècle nous montre la *junctio manuum*
déjà en usage dans un mariage entre un Lombard et une
Romaine (5), tandis qu'un autre texte, du xiv⁰ siècle,
prouve qu'elle était encore le rite principal des fiançailles
dans la région d'Augsbourg (6). A la même époque, un

in-8⁰, p. 7; — Marquardt, *La vie privée chez les Romains*, trad. V. Henry,
Paris, in-8⁰, t. I (1892), p. 59; — Lécrivain, v⁰ *Matrimonium*, dans le
Dict. Daremberg et Saglio. La scène est représentée sur divers bas-reliefs,
signalés par M. Lécrivain, et notamment sur un bas-relief d'un sarcophage
du Musée de Florence, dont un dessin est joint à son article.

(1) Tertullien, *De virgin. velandis*, ch. xi : « ... quia et corpore et
spiritu masculo mixtae sunt per osculum et *dextras*, per quae primum
resignarunt pudorem spiritus ».

(2) Saint Augustin, *De fide pactionis et consensus :* « Fides autem
consensus est, quando, etsi non stringit *manum*, corde tamen et ore
consentit ducere, et mutuo se concedunt unus alii, et mutuo se suscipiunt »
dans les *Decret. Greg. noni*, lib. IV, tit. IV, ch. i).

(3) Esmein, *op. cit.*, p. 99. — Dans le langage héraldique, deux mains
droites, jointes ensemble et posées en fasce, s'appellent *foi*.

(4) Cfr. Esmein, *op. cit.*, p. 105.

(5) Dans Pertz, *Monum. Germ. hist.*, *Leges*, IV, p. 650 : « Conjunctos
ipsa illa suis manibus et ejusdem lui a legitimum sibi ad uxorem abendum
se tradit ».

(6) Cfr. Sohm, *op. cit.*, p. 49, note 53 : « Urtheilsbuch von Augsburg,

registre criminel du Châtelet de Paris mentionne des
hommes et des femmes qui ont conclu des fiançailles « en
se prenant par la main dextre », « par leurs mains dextres
pour ce baillées li uns à l'autre », ou, « couchés ensemble
dans un lit », ont contracté mariage de la même façon (1).

A partir du xv⁰ siècle d'ailleurs, les rituels sont formels, et prouvent que la jonction des mains était
pratiquée simultanément dans les fiançailles et dans le
mariage. A Amiens, Châlons, Limoges, Reims, Bourges,
les rituels n'indiquent aucun autre rite pour les *sponsalia
de futuro* ou *affidatio*. Tous le décrivent ainsi : le
prêtre, revêtu du surplis et de l'étole, reçoit les futurs au
bas de l'église ou à la porte du chœur, « le garçon étant
à la droite de la fille », s'assure qu'il n'y a pas entre eux
d'empêchement, et alors, joignant leurs mains droites,
il leur fait prononcer à chacun les *verba de futuro*, et
conclut en disant : « *Et ego affido vos in nomine Patris
et Filii et Spiritus sancti; amen* ». Il les asperge
ensuite d'eau bénite, et se retire (2).

welches (im 14. Jahrhundert) die *fides data* als die regelmässige Form des
Verlöbnisses aufweist, insbesondere vgl. S. 10 : « Conjunctis manibus princi-
palium (der sich Verlobenden) actor dixerit ree : *Accipe fidem meam,
quod ego nunquam volo aliam uxorem legitimam accipere quam te,*
et quod viceversâ rea dixerit actori : *Accipe fidem meam, quod ego
numquam volo alium maritum accipere quam te* ».

(1) *Reg. crim. du Châtelet de Paris* (sept. 1389-mai 1392), Paris, in-8°,
t. I (1861), p. 151 : « Lequel prisonnier lors print elle qui parle par sa main
destre, et luy promist, par la foy et serement de son corps, estre son mary,
et qu'il ne auroit ne ne prendroit autre femme à mariage et espouse; et
semblable promesse fist, elle qui parle, audit prisonnier » ; — p. 205 :
« Lequel qui parle, meu de l'amour que son cuer avoit desja mise en icelle
Marguerite, promist et enconvenança lors à icelle Marguerite, par la foy et
serement de son corps, et leurs mains destres pour ce bailliés li uns à l'autre,
que il seroit son mary et la espouseroit, en li promettent foy et crantement de
mariage » ; ici les parties s'expriment au *futur*; — t. II (1864), p. 381 :
« Ainsi comme ilz estoient couchez ensamble en un lit, de nuyt,... fiancerent
de leurs mains et par parolles li uns l'autre, et promistrent et jurerent li uns
à l'autre eulx entre espouser; et depuis ont demouré ensamble, et eulx
tenuz et reputez comme gens mariez » ; ici les parties s'expriment au *présent.*
— Cfr. Esmein, *op. cit.*, p. 106.

(2) Cfr. Dom Martène, *op. cit.*, t. II, col. 372 (pontifical d'*Amiens*) : « Et

11. — Dans le mariage, la cérémonie est un peu plus solennelle, et subit quelques variantes. Elle se passe presque toujours devant la *porte* de l'église, dans laquelle les fiancés n'entreront que mariés. Ils s'y tiennent debout, attendant le prêtre, qui se présente en aube avec l'étole et le manipule (1). Après une aspersion d'eau bénite

debent *manus* viri et mulieris simul jungi »; — col. 376 (rituel de *Châlons*) : « Posteà accipiat *manus dextras* eorum, et conjungens dicat, etc. »; — col. 378 (rituel de *Limoges*) : « Presbyter vocatus pro affidatione maritandorum, viro et muliere praeparatis, dicit : Vultis affidari? Illis respondentibus : Sic, etc. Et presbyter jungens *dextras* amborum manus, dicit... Et sic affidati sunt, et aqua benedicta asperguntur »; — col. 382 (manuel de *Reims*), même texte. — Cfr. le *Rituel de Bourges de 1746*, *op. cit.*, p. 411, 413, 414 : « Le curé leur fait joindre leurs mains *droites*... Les fiancés continuant de tenir leurs mains droites jointes ensemble... ».

(1) Cfr. Dom Martène, *op. cit.*, col. 355 (missel de *Rennes* du xi⁰ siècle) : « In primis veniat sacerdos *ante ostium*, indutus alba atque stola cum benedicta aqua; qua aspersa, interroget eos sapienter utrum legaliter copulari velint »; — col. 356 (pontifical du xiii⁰ siècle, conservé à *Lyre*, diocèse d'*Évreux*) : « Ante omnia veniant ad *januas* ecclesiae sub testimonio plurimorum, qui thoro maritali conjungendi sunt »; — *Decretal. Greg. noni*, IV, 1, ch. xxviii (lettre d'Honorius III) : « ... mulieres, quae de more veniunt ad *valvas* ecclesiae benedicendae cum sponsis... »; — *Olim*, I, p. 525, arrêt de 1261 : « Et in *porta* ecclesiae, quando debuerunt fieri sponsalia »; — *Établiss. dits de saint Louis*, édit. Viollet, ch. xiii et xxi : « à porte de moustier »; — Dom Martène, *ibid.*, col. 365 (pontifical d'*Auxerre* du xiv⁰ siècle) : « ante *portas* ecclesiae, ante *valvas* ecclesiae »; — col. 369 (pontifical de *Lyon* du xv⁰ siècle) : « ante *valvas* ecclesiae »; — col. 372 (pontif. d'*Amiens*) : « ante *ostium* templi »; — col. 374 (missel de *Paris* du xv⁰ siècle); — col. 379 (rituel de *Limoges*) : « Nubere volentes, quando volunt, possunt venire ad *portam* ecclesiae vel ante *altare*, juxta ecclesiae ritum ubi contrahitur matrimonium »; l'époux est placé « a latere dextro et sponsam à sinistro latere sponsi ». — Il en était de même en Angleterre. En 1278, John, fils de Robert Fitz Royer, fiancé à Hewisia, fille de Robert de Tybetot, s'engagea à la douer à l'entrée de l'église, « to endow her at the churchdoor » (Bridge, *Hist. of Northamptonshire*, Oxford, 1791, I, 135). En 1299, le roi Édouard Ier épousa la reine Marguerite à la porte du Dôme de Canterbury (Brand, *Observat. on the popular antiquities of Great Britain*, London, 1849, II, 134). Cfr. Friedberg, *op. cit.*, p. 37. — En Allemagne, la règle est énoncée formellement dans les *Statuts synodaux de Wurtzbourg*, en 1298 : « Prohibemus sub poena excommunicationis et magnae emendae, ne aliquae personae consentiant in matrimonium per verba de praesenti, donec sint ante *fores* ecclesiae, quando debet sacerdotalis benedictio celebrari » (cfr. Friedberg, *op. cit.*, p. 12, note 2). Même usage à *Augsbourg* au xiv⁰ siècle : « ... se insimul matrimo-

et diverses interrogations, le prêtre, quand le moment
d'échanger les consentements définitifs est venu, procède
d'abord à la *junctio dextrarum*. A Amiens et à Liège,
il prend les mains droites des époux et les joint lui-
même (1); à Paris, il prend la main droite de l'épouse et
la place dans la main droite de l'époux (2); à Châlons, à
Limoges, à Reims, à Milan, c'est le contraire : il prend
la main droite de l'époux et la place dans celle de
l'épouse (3); à Limoges, il est vrai, on peut procéder
différemment : l'époux, tenant l'anneau nuptial d'une
main, prend de l'autre la main droite de son épouse (4).
A Bourges, au xviiie siècle, le prêtre se contente d'avertir
les époux d'unir leurs mains droites (5). A Reims et à
Milan, le prêtre couvre les mains jointes avec son
étole (6).

nium contraxisse per verba legitima de praesenti ac se fore intronisatos in
valvis ecclesiae per plebanum »; — à *Strasbourg* au xve siècle : « Copu-
latio per sacerdotem flat in *foribus* ecclesiae »; — à *Mayence* au xvie,
etc.; cfr. Sohm, *op. cit.*, p. 132, note 42, et 168, note 32. — A *Milan*,
au contraire, les époux étaient placés devant l'autel, l'homme à droite, la
femme à gauche (Dom Martène, *op. cit.*, col. 387).

(1) Dom Martène, *op. cit.*, col. 372 (pontif. d'*Amiens*) : « Et debet
sacerdos manus viri et mulieris insimul jungere, dicens : In nomine Patris,
etc. »; — col. 385 (rituel de *Liège*).

(2) *Ibid.*, col. 375 (missel de *Paris* du xve siècle) : « Accipiat sacerdos
manum dextram sponsae et ponat in dextra manu sponsi »; cfr. F. Nicolaÿ,
op. cit., t. III, p. 286-287. Au xiiie siècle, d'après un manuscrit de l'abbaye
de Saint-Victor, la femme devait avoir la main nue si elle était vierge,
couverte (*teota*) si elle était veuve (Dom Martène, *op. cit.*, col. 347 et 360).

(3) Dom Martène, *op. cit.*, col. 377 (rituel de *Châlons*) : « Accipiat
(sacerdos) jocalia et ponat in manu dextra sponsae; posteà accipiat manum
dextram sponsi, et jungat eas, dicendo »; — col. 380 (rituel de *Limoges*) :
« Et accipiat manum dexteram sponsi et ponat in dextram sponsae cum anulo,
monili, etc. »; — col. 383 (manuel de *Reims*), même texte qu'à Châlons; —
col. 388 (rituel ambrosien du card. César Montii).

(4) *Ibid.*, col. 380 (rituel de *Limoges*) : « Et tunc sponsus teneat anulum
cum tribus digitis, et cum alia manu sponsus accipiet dextram sponsae
manum, dicendo ».

(5) *Rituel de Bourges de 1746*, *op. cit.*, p. 416 et 417.

(6) Dom Martène, *op. cit.*, col. 383 (manuel de *Reims*); — col. 388
(rituel de *Milan*).

En Alsace, dans les Pays-Bas, en Angleterre, le même rite était suivi. A Strasbourg, au XVe siècle, le prêtre unissait les mains des époux, et leur faisait ensuite réciter la formule de consentement (1). Le paroissial de Cologne de 1592 prescrit au célébrant de prendre d'abord la main droite de l'époux, d'y mettre des gants rouges avec trois pièces d'argent (2), de placer ensuite la main droite de l'épouse dans celle de son mari, et d'entourer le tout avec l'étole pendant à son cou : c'est à peu de chose près le rituel de Reims et de Milan (3). En Angleterre, les textes liturgiques et littéraires sont d'accord pour attester l'usage de la *handfasting* dans les mariages (4). — Cet usage était tellement enraciné, qu'il fut accepté par les diverses confessions protestantes : on le trouve consacré en Angleterre par le *Book of common prayer* (5), à Zurich par le rituel (6), en Allemagne par le

(1) *Agenda parochial. eccles. Argentinensis dyocesis* (XVe siècle) : « Copulet (sacerdos) *manus* contrahentium, et dicat primo ad sponsum, quod ita loquatur ad sponsam : *Ich nim dich N. zuo miner gefrowen.* Quo dicto, dicat ad sponsam, ut ita respondeat : *Und ich nim dich N. zuo minen eeman* » (cité par Sohm, *op. cit.*, p. 129, note 39).

(2) Nous reviendrons sur ce rite au § v.

(3) *Paroissial de Cologne de 1592* : « Conversus sacerdos ad sponsum et sponsam, accipiet dexteram sponsi et illi chirothecas rubeas, cui insint loco arrhae nummuli tres, imponat. Deinde manum dexteram sponsae dexterae sponsi implicabit, et hic complicatas utriusque dexteras stola collo dependente circumligabit » (cité par Friedberg, *op. cit.*, p. 94).

(4) Un glossaire cité par Friedberg, *op. cit.*, p. 39, note 4, définit ainsi la *handfasting* : « Hand faesting, promissio quae fit stipulata manu, sive cives fidem suam principi spondeant, sive mutuum inter se matrimonium inituri, à phrasi *faesta hand* quae notat dextram dextrae jungere ». — Un livre de 1543, intitulé *The Christen State of matrimony*, appelle les époux *hand-fasted* : « After the hand-fastynge and making of the contracte,... the two hand-fasted personnes... »; — Shakespeare, *Twelfth night*, V, 1, définit le mariage :

A contract of eternal bond of love,
Confirm'd by mutual joindure of your hands.

(5) *Book of common prayer*, XVIIe siècle : « ... and by joining of hands » (cité par Sohm, *op. cit.*, p. 176, note 49); — *Poème de 1720*, cité par Friedberg, *op. cit.*, p. 44 : « What priest can join two lover hands... ».

(6) *Liber de ritibus et institutis Ecclesiae Tigurinae*, 16 : « Procum

Traubüchlein de Luther et par de nombreux *kirchenordnungen*, notamment celui de Nuremberg de 1533 (1). Il est encore admis par le formulaire du Conseil supérieur de l'Église évangélique de Berlin (2).

Dans l'Église catholique, les époux échangent, pendant la *junctio manuum*, les *verba de praesenti*, dans lesquelles réside toute la force du sacrement (3) : c'est pour cela qu'un rituel considère la jonction des mains comme « le signe du lien conjugal » (4). Après cela, le prêtre, au Moyen âge, ne manquait pas de prononcer la même formule de bénédiction que nous avons vu employer par le beau-père du jeune Tobie : « *Deus Abraham, Deus Isaac, et Deus Jacob, ipse sit vobiscum : Ipse vos conjungat, impleatque benedictionem suam in vobis* ». Tous les anciens rituels contiennent cette invocation (5). Avant le xviᵉ siècle, c'est tout à fait par exception qu'on trouve la formule peu exacte : « *Ego vos conjungo in matrimonium* » (6). Mais cette formule, étant consacrée par le rituel romain, est aujourd'hui d'un usage général (7).

heatium, io medio suorum choro, sponsi et sponsae *manus* connectit et solennibus verbis conjungit (verbi minister) » (cité par Friedberg, *ibid.*, p. 222).

(1) Luther, *Traubüchlein* : « ... darauf sie die Hände und Trauringe einander gegeben haben », dans Sohm, *op. cit.*, p. 220. — Sohm, *ibid.*, p. 218 à 221, cite une trentaine de *Kirchenordnungen*, de 1530 à 1670.

(2) Cfr. Sohm, *ibid.*, p. 302.

(3) Cfr. les constit. de Richard, évêque de Salisbury, publiées en 1217, cap. 56 : « In his enim verbis consistit vis magna et matrimonium contrahitur » (cité par Dom Martène, *op. cit.*, col. 347).

(4) *Ibid.*, col. 388 (rit. de *Milan*) : « ad significationem vinculi fideique conjugalis imponit manui dexterae sponsae ».

(5) Notamment ceux d'Arles, d'Auxerre, et de Rouen, du xivᵉ siècle, ceux de Lyon, d'Amiens, de Paris, du xvᵉ siècle, celui de Limoges (*ibid.*, col. 364, 365, 367, 370, 373, 375, 380-381).

(6) Sur les quinze anciens rituels publiés par Dom Martène, cette formule se rencontre seulement dans ceux de Reims et de Milan; à Reims, le prêtre dit : *Ego vos desponso*; à Milan : *Ego vos conjungo* (*ibid.*, col. 384 et 385). Cfr. *ibid.*, col. 347, l'attestation très nette de Dom Martène.

(7) *Rituel romain* : « Mutuo igitur contrahentium consensu intellecto,

§ IV. — L'anneau nuptial.

12. — Après avoir dit aux époux de séparer leurs mains, le prêtre, dans la liturgie catholique, doit bénir un anneau que l'époux passe ensuite au doigt de l'épouse (1). Sans être essentiel (2), ce rite ne s'omet jamais. Quelle en est l'origine? Ainsi qu'on l'a vu plus haut (*suprà*, n° 4), l'anneau nuptial semble bien être un dédoublement de l'*annulus sponsalitius*, dédoublement qui s'opéra au moment où les fiançailles et le mariage ne se distinguèrent plus nettement dans leurs formes extérieures. C'est un fait qu'on peut constater, dès 856, dans la *coronatio Juditheae* (3); mais à cette époque il devait être encore exceptionnel. Au Xe siècle, l'usage de l'anneau nuptial a dû se répandre et commencer à faire abandonner l'anneau des fiançailles (4). Au XIe siècle, ce dernier n'apparaît plus que rarement dans les textes (5); la mention de l'anneau nuptial est au contraire fré-

---

sacerdos jubeat eos invicem jungere dextras, dicens : « Ego conjungo vos in matrimonium, in nomine Patris, et Filii, et Spiritus sancti; amen » ; vel aliis utatur verbis juxta receptum uniuscujusque provinciae ritum ».

(1) Pour la bibliographie de l'anneau nuptial, cfr. *suprà*, n° 1, en note.

(2) Cfr. Geoffroy de Trani († 1245), *In tit. Decretal.*, Venise, 1500, f. 167-v° : « Tunc matrimonium inducitur, non tam per anuli dationem quam consensum in verbis expressum » ; — Monterenzi, *Rem. sur les statuts de Bologne*, 1451 (cité par Brandileone, *loc. cit.*, p. 338, en note) : « Anul subarrhatio non est de substantia matrimonii ».

(3) Voir le texte *suprà*, n° 4, en note.

(4) Sur la substitution de l'anneau nuptial (*Trauring*) à l'anneau des fiançailles (*Verlobungsring*), cfr. les observations en sens divers et pas très précises de : Hoffmann, *loc. cit.*, p. 852 et 866; — Sohm, *Eheschliessung*, op. cit., p. 101-106; et *Trauung*, op. cit., p. 41; — Brandileone, *loc. cit.*, p. 338-340.

(5) Cfr. cependant un texte de 1069 relatif aux fiançailles de Bernard, consul de Fondi, avec Offa, fille du comte de Sessa, dans l'Italie du Sud, dans le *Codex diplomat. Cajetanus*, II, 239. — Le Dr Brandileone, *loc. cit.*, p. 333, fait observer que les textes de l'Italie du Sud reflètent généralement un état juridique plus ancien que les textes de l'Italie du Nord ou du Centre : « ... als ähnliche von Mittel- oder Norditalien, doch eine ältere Stufe der juristischen Entwicklung als jene widerspiegeln ».

quente. Déjà les rituels s'en occupent : dans un missel du xi⁰ siècle de l'Église de Rennes, on voit que l'anneau doit être bénit par le prêtre après la constitution du douaire et imposé à la main droite de l'épouse (1). Dans nombre de documents d'ailleurs, la tradition de l'anneau à l'épouse a conservé son nom ancien de *subarrhatio*, ce qui en indique bien l'origine ; car ce mot, n'ayant plus de sens une fois le mariage formé, ne peut s'expliquer que par une survivance, désormais sans motifs, d'un état de choses antérieur qui le justifiait. C'est ainsi que, dans des textes toscans de 1065 et 1071, la *subarrhatio cum annulo* intervient comme une formalité du mariage lui-même (2), et qu'au xii⁰ siècle, dans une décrétale adressée par Alexandre III à l'abbé du Mont Cassin, le mot *subarrhare* est pris plusieurs fois comme synonyme d'épouser (3).

A la même époque, le pontifical de l'Église d'Évreux donne des formules de bénédiction spéciales pour l'anneau nuptial, et décrit en détail la cérémonie de la tradition (4). Dans l'Italie du Sud, le cartulaire de Conversano (près Bari) contient des chartes de 1110, 1128, 1209,

---

(1) Dom Martène, *op. cit.*, t. II, col. 355 (missel ms. de Rennes, xi⁰ siècle) : « Anulo quoque benedicto in nomine sanctae Trinitatis, eam in dextra manu sponsare faciat ».

(2) *Textes* de 1065 : « A. adpreensit B. mundualda sua per manu et dedit eam Petro, sicut et wadia data habebat de ea dandum ; unde ipse Petrus per anulum eam *subarravit* et suam fecit » ; — et de 1071 : « Petrus adprehendit filia et mundualda sua nomine Berta per manum dextera et sic dedit et tradidit eam leitime ad uxorem R.. et tunc ipse R. eam recepit et cum anulo suo *subarravit* eam » (publiés par Brandileone, dans les *Atti dell' Accademia reale di Napoli*, XXVII, p. 381 ; et cités par lui dans *Die subarrahatio, loc. cit.*, p. 332, note 1). — Cfr. un texte lombard du xi⁰ siècle, dans Sohm, *op. cit.*, p. 319 : « Quo facto, tunc Fabius eam *subarret* annulo ».

(3) *Decret. Greg. noni*, IV, 14, canon 1 : « Quum quidam secreto quandam viduam *subarrhasset* et carnaliter cognovisset,... (mundoaldus) exegit eam publice *subarrhari*. Tandem quum vir paratus esset eam in conspectu Ecclesiae *subarrhare*, etc. ».

(4) Dom Martène, *op. cit.*, col. 357 (*infrà cit.*, n⁰ 14).

où l'anneau et le morgengab, souvenir du droit germanique, sont associés l'un à l'autre comme faisant l'*uxor vera*, l'*uxor legitima* (1). Au XIII⁰ siècle, on commence à voir dans l'anneau nuptial un rite significatif du mariage. Dans un manuscrit de l'abbaye de Saint-Victor de Paris, on lit déjà cette formule qui deviendra usuelle : « Je t'épouse par cet anneau » (2); dans les chansons de gestes, on qualifie volontiers la femme mariée de « dame d'anel » (3); dans les statuts des villes italiennes, *sponsa anulata*, en Angleterre, *ringed virgin*, sont devenus synonymes d'*uxor* (4).

C'est probablement à cette époque que s'introduisit la croyance populaire, toujours vivante, comme le fait observer M. Esmein, d'après laquelle toute femme qui porte au doigt un anneau doit être regardée comme mariée (5). La question, qui ne se posait pas quand l'anneau des fiançailles était seul en usage, devait au contraire se poser en présence de l'anneau nuptial, et les canonistes du Moyen âge eurent à la discuter. D'après Huguccio († 1210), la remise de l'anneau, équivalant à une dation d'arrhes, devait toujours faire présumer le

---

(1) Cfr. *Cartularium Cupersanense*, Montcassin, 1892, n⁰ 65, année 1110 : « Declaro quia [fuit] placitum inter me et A., ut accipiat sivi uxore delcita filiam meam per *anulum* et morgincap »; — n⁰ 79, année 1128 : « Ego P. conveniente me cum M. dedi (*lire* : dandi) et tradidi (*lire* : tradendi) michi vera uxor per *anulum* filia sua »; — n⁰ 155, année 1209 : « Ego P. declaro quia convenit mecum J., ut daret et traderet michi uxorem sororem suam et ego eam michi uxorem legitimam per *anulum* et morgincap sociarem »; — et Brandileone, *loc. cit.*, p. 331, note 2.

(2) Dom Martène. *op. cit.*, col. 360 : « De isto anulo te sponso; etc. ».

(3) Cfr. Léon Gautier, *op. cit.*, p. 427, qui cite en note les deux vers suivants : « Et mainte dame espousée d'*anel* » (*Gaydon*, vers 5202); « Trait à un *anelet* dont il l'ot espousée » (*Aye d'Avignon*, vers 2000).

(4) Statuts de Pistoia, année 1296, III, 58 : « Si quis habens uxorem vel sponsam *anulatam* vel juratam... »; III, 59 : « Si puella maritum juraverit vel *anulum* desponsationis receperit »; année 1647, V, 48 : « Habens uxorem vel sponsam *anulatam*, vel juratam, vel per consensum habitam » (cités par Brandileone, *loc. cit.*, p. 337, en note); — Friedberg, *op. cit.*, p. 47, note 1.

(5) Cfr. Esmein, *Le mariage, op. cit.*, t. 1, p. 196.

mariage; cela résultait pour lui de la formule de bénédiction donnée par le sacramentaire grégorien : « *Benedic, Domine, has arrhas* » (1). Il faut avouer que le raisonnement était faible ; car la bénédiction en question pourrait aussi bien convenir à un anneau de fiançailles. Du moment qu'il y est question d'*arrhes*, il y a plutôt présomption que le mariage n'est pas encore célébré. En fait, cependant, des femmes prétendaient prouver leur mariage en prouvant simplement la remise publique de l'anneau (2).

D'autres canonistes raisonnaient mieux, en ne présumant le mariage que si l'anneau avait été remis par le prêtre au mari pour être donné à la femme, selon le rite dès lors établi ; ou encore, si le mari, en l'imposant, avait prononcé les *verba de praesenti* (3); ou enfin si la coutume du pays voulait que l'anneau fût donné au moment du mariage, et non au moment des fiançailles (4). Au xve siècle, Nicolas de Tudeschis, le Panormitain, s'attachait encore à ces deux critériums; il distinguait les pays où l'anneau se donnait lors des fiançailles et les

(1) *Glose sur le Décret*, IIe part., cause xxx, quest. 5, vo *Annulus* : « Dit Il[uguccio] quod per traditionem *annuli* à sponso vel donationem arrharum praesumitur pro matrimonio, et hoc etiam videtur per orationes Gregorii quae dicuntur in benedictionibus, ubi dicit : Benedic, Domine, has arrhas ».

(2) Cujas, *Comm. sur les Decret. Greg. noni*, lib. II, tit. 27 (*ibid.*, t. VIII, col. 858) : « ... mulier testes, quibus probabat se à viro publicè *annulo* pronubo fuisse oppignoratam et subarratam, ut loquuntur, quae vel sola res matrimonium facit, si *in praesens* tempus non *in futurum* verba collata sunt ».

(3) Cfr. Geoffroy de Trani, *loc. cit.* : « Dico quod si sponsus ante fores ecclesiae in die benedictionis, sicut alibi fieri consuevit, donet anulum sponsae, sacerdote benedicente et dicente : Benedic, Domine, has arrhas, etc., tunc anuli datio matrimonium inducit. Et item dico, si alius sponsus dat anulum sponsae, sic dicens : Duco te in uxorem...., tunc matrimonium inducitur, non tam per anuli dationem quam consensum in verbis expressum »; — et Cujas, *ibid.*

(4) *Glose sur le Décret, loc. cit.* : « Alii dicunt sponsalia tantum praesumi, nisi detur *annulus* a sacerdote, vel nisi sit de consuetudine loci quod *annulus* detur in matrimonio »; — Sanchez, *op. cit.*, lib. I, disp. 22, no 2.

pays où il se donnait lors du mariage (1); et il recherchait si l'anneau avait été simplement donné à la femme ou s'il avait été passé à son doigt par le mari. Comme Huguccio, d'ailleurs, il invoquait certains textes à tort. Il s'appuyait en effet sur le canon *Feminae* où il est dit que l'anneau était passé par l'époux au doigt de l'épouse « pour indiquer que leurs cœurs sont unis, ce qui n'a pas lieu dans les fiançailles » (2); mais ce canon, emprunté à Isidore de Séville, s'appliquait certainement à l'*annulus pronubus* et non à l'*annulus nuptialis* (3).

13. — Quoi qu'il en soit de cette controverse, il résulte en tout cas des textes qu'à partir du xii⁰ siècle l'anneau nuptial l'emporte sur l'anneau des fiançailles, et qu'il est même seul usité dans certains pays. Mais alors une nouvelle question se pose : quel sens peut bien avoir l'anneau nuptial ? On a vu précédemment que l'anneau des fiançailles, dont il dérive, avait dans les premiers siècles de l'ère chrétienne le sens très net d'*arrhes*, garantissant l'engagement pris et renforçant la *fides pactionis et consensûs*. Mais quand l'engagement est exécuté, quand le mariage est formé, le sens d'arrhes ne se conçoit plus. Sans doute, on continua, même alors, à parler de *subarrhatio cum annulo*, par habitude (4), voire même à qua-

---

(1) Panormitanus, sur *Decret. Greg. noni*, II, 23, ch. 11 : « In aliquibus partibus datur tempore sponsaliorum, et tunc in dubio significat sponsalia; in aliis datur tempore matrimonii, et tunc significabit matrimonium ».

(2) Canon *Feminae* = Gratien, *Décret*, II, cause 30, qu. 5, canon 7.

(3) Panormitanus, *ibid.* : « ... Et tunc aut annulus fuit simpliciter datus mulieri, et praesumitur donatio; aut vir posuit mulieri in digito, et praesumitur matrimonium : haec enim videtur praesumptio juris ut in C. *Feminae*, ubi dicitur quod annulus ponitur in digito mulieris ad designandum quod eorum corda junguntur; quod non fit per sponsalia. » — Cfr. Esmein, *loc. cit.*, p. 196-198; — et sur le texte d'Isidore de Séville, *supra* n⁰ 3.

(4) Cfr. les textes toscans de 1065 et 1071, cités *supra* n⁰ 12, un note; — les *Gloses sur le Petrus*, éd. Fitting, Halle, 1874, in-8⁰, p. 67, en note : « [Sponsalia] de praesenti, quando vir tradit se mulieri in virum et anulo *subarrat* eam et accipit eam sibi in uxorem, illa similiter cum in virum »; — Innocent III, *De sacro altaris mysterio*, I, 60 : « Annulus est fidei sacramentum in quo Christus sponsam suam sanctam Ecclesiam *subarrhavit* »

lifier encore l'anneau nuptial d'*arrhae* (1); mais quand on voulait en expliquer l'usage, il fallait bien recourir à une autre idée, et voir dans l'anneau autre chose que des arrhes. Pour les uns, il devint un symbole, pour les autres, un signe.

Les premiers s'appuyaient sur un passage (cité plus haut) d'Isidore de Séville, qui voyait déjà dans l'anneau des fiançailles « un symbole de la fidélité mutuelle, ou plutôt un gage de l'union des cœurs » (2). Cette conception convenait encore mieux à l'anneau nuptial. En 856, Hincmar l'y applique : l'anneau nuptial est pour lui « le symbole de la fidélité et de l'amour, le lien de l'union conjugale » (3). Au xi° siècle, dans le missel de Rennes, il est le symbole de·la pudeur (4); au xii° siècle, dans le pontifical d'Évreux, « le symbole de la fidélité » (5), dans la *Gemma animae* d'Honorius d'Autun, « le symbole de l'amour; aussi doit-on le porter à ce doigt qui contient la veine du cœur » (6) : on reconnaît là l'expli-

(dans Migne, P. L., t. CCXVII, col. 796); — *Statuts de Gaëte*, III, 3 : « De anulo immittendo uxori per virum et ejus *subarrhatione* »; III, 10, et III, 28, *infrà cit.*; — Moderenzi, *loc. cit.*; — *Rituel de Châlons*, dans Dom Martène, *op. cit.*, col. 377 : « Sacerdos det anulum benedictum sponso ad *subarrhandum* sponsam »; — *Agenda paroch. eccles. Argentinensis dyocesis* (xv° siècle) : « Et fiat *subarratio* annuli » (dans Sohm, *op. cit.*, p. 129, note 39).

(1) Cfr. Geoffroy de Trani, *loc. cit.*; — Dom Martène, *op. cit.*, col. 363 (pontifical d'*Arles*, xiv° siècle) : « *Benedictio arrarum* : Benedic, Domine, arras istas, etc. »; — col. 330 (rituel de *Limoges*) : « Postmodum sacerdos benedicit anulum cum arrhis dicens : ... Benedic, Domine, has *arrhas*, etc. ».

(2) Isidore de Séville, *De Ecclesiae off.*, *loc. cit.* : « Propter mutuae fidei signum, vel propter id magis ut eodem pignore eorum corda jungantur ».

(3) *Coronatio Juditheae*, *loc. cit.* : « Anulum, fidei et dilectionis signum atque conjugalis conjunctionis vinculum ».

(4) Dom Martène, *op. cit.*, col. 356 (missel de *Rennes*, xi° siècle) : « Benedic, Domine, anulum istum, ut in ejus figura pudicitiam custodiant. Per Christum ».

(5) *Ibid.*, col. 357 (pontif. conservé à Lyre, dioc. d'*Évreux*, xii° siècle) : « ut quae eum signaculum fidei desponsata portaverit, etc. ».

(6) Honorius d'Autun, *Gemma animae*, ch. ccxvi (dans Migne, P. L., t. CLXXII, col. 609) : « Fertur quod Prometheus quidem sapiens primus

cation bizarre empruntée par Isidore de Séville à Aulu-
Gelle ou à Macrobe, et transmise par lui aux écrivains
ecclésiastiques du Moyen âge (1). Honorius d'Autun
ajoute que, si de son temps on ne se sert plus d'anneaux
de fer comme au temps de Prométhée, mais d'anneaux
d'or ornés de pierres précieuses, c'est parce que « l'or
surpasse tous les métaux comme l'amour surpasse tous
les biens » (2). Au XIII° siècle, Guillaume Durant se contente de copier Isidore de Séville et Honorius d'Autun :
l'anneau nuptial est pour lui « le symbole de l'amour
conjugal » (3). C'est bien encore l'idée qu'expriment les
chansons de gestes, où l'on voit des jeunes filles donner
à des chevaliers des anneaux, que ceux-ci mettent à
leur doigt et qui portent leurs deux noms (4). Dans la
plupart des statuts des villes italiennes, l'anneau est
resté le symbole de la fidélité, et s'appelle « l'anneau de
la foi », ou même simplement « la foi » (5). Le rituel de

annulum ferreum ob insigne amoris fecerit..... Quem enim in illo digito portari
constituit, in quo venam ut cordis deprehendit, unde et annularis nomen
accepit ».

(1) Cfr. les textes d'Aulu-Gelle, Macrobe, et Isidore de Séville, cités
suprà n° 1, en note.

(2) Honorius d'Autun, *ibid.* : « Postmodum vero aurei sunt pro ferreis
instituti, et gemmis pro adamante insigniti, quia, sicut aurum cuncta metalla
praecellit, ita dilectio universa bona excellit, et sicut aurum gemma decoratur,
ita amor dilectione perornatur ».

(3) Guill. Durant, *Rationale divin. offic.*, I, 9, n° 10, Lyon, 1612, fol. 43 :
« Institutum propter mutuae dilectionis signum vel propter id magis ut
pignore id est signo eorum corda jungantur » ; — fol. 41 : « Postmodum
verò pro ferreis sunt aurei constituti, et pro adamante gemmis ornati, quia
sicut aurum cetera metalla, sic amor universa bona praecellit ».

(4) Cfr. Léon Gautier, *op. cit.*, p. 391, notes 2 et 3.

(5) *Statuts de Gaëte*, III, 10 : « Anulus subarrhationis, qui vulgariter
dicitur *lo anello a fede*, cum quo mulier in matrimonio contrahendo subarrhatur » ; — III, 28 : « Mulieres cajetanae maritatae debeant continue ferre
anulum subarrhationis, qui *fidei* dicitur ; ... incessanter deferant in signum
et honorem matrimonii » ; — *Statuts de Bénévent* (1588) : « Habebit
anulum sponsalitium, vulgo nuncupatum *la fede* » ; — *Statut de Gubbio*,
II, 41 : « Anulus, sive *fides*, quo uxor fuerit desponsata » (cités par Brandileone, *loc. cit.*, p. 321, en note).

Liège l'appelle « l'anneau de la foi conjugale » (1). Celui de Milan dit, comme Isidore de Séville, « qu'il signifie que les cœurs sont unis, et que, à cause de cela, l'épouse doit le porter au quatrième doigt de la main gauche, parce qu'il y a dans ce doigt une veine qui, dit-on, va jusqu'au cœur » (2). Le P. Sanchez, qui, au milieu du xviie siècle, s'attarde encore à donner cette explication, la déforme en disant que l'anneau doit être placé au doigt du *milieu*, parce que c'est là qu'il y a la veine du cœur; c'est indispensable pour qu'il puisse « signifier la jonction des cœurs » (3)! Dans le rituel de Bourges de 1746 et dans le rituel romain actuel, l'anneau est encore le symbole de la fidélité (4).

Dans d'autres textes, moins nombreux, l'anneau nuptial n'est plus un symbole, mais un simple signe : un signe du mariage contracté. Les statuts de Gaëte recommandent aux femmes mariées de « porter incessamment leur anneau comme un *signe* et en l'honneur de leur mariage » (5). L'anneau nuptial, dit encore Monterenzi, dans ses *Remarques sur les statuts de Bologne de 1454,* « est le *signe* et comme l'investiture du mariage » (6).

(1) Dom Martène, *op. cit.*, col. 385 (rituel de *Liège*) : « Accipe annulum *fidei* matrimonialis ».

(2) *Ibid.*, col. 388 : « ... qui digito quarto annulari sinistrae manus eum imponit... Fit autem hoc ad significandum quod eo pignore corda sponsorum jungantur; nam in eo digito vena quaedam esse dicitur, quae ad cor usque pervenit ».

(3) Sanchez, *op. cit.*, lib. I, disp. 22, n⁰ 4 : « Aliqui hoc temperant, quando annulus in *medio* digito annulari ponitur, quia ibi est quaedam vena quae in cor ipsum protenditur... in medio, ut cordium conjunctio significetur ».

(4) *Rituel de Bourges*, *op. cit.*, p. 417 : « ... ut quae illum gestaverit, fidelitatem integram suo sponso tenens... »; — *Rituel romain*, même texte. — Cfr. dans le même sens : Beuvelet, *op. cit.*, p. 314; — et Le Tourneux, *Instructions chrét. sur les sacrements*, Paris, nouv. éd., 1727, in-12, p. 305.

(5) Cfr. *Statuts de Gaëte*, III, 28, *suprà cit.*

(6) Monterenzi, *loc. cit.* : « Anuli subarrhatio non est de substantia matrimonii, sed pro *signo* et pro quadam investitura... Sed quid, si esset aliud signum usitatum? Item dicerem, quia hic loquitur attenta communi consuetudine ».

C'était en 1746 et c'est encore aujourd'hui le sens attaché
à l'anneau dans le rituel de Bourges (1). C'est au fond
'idée populaire: si on la trouve moins dans les textes,
on devait la trouver davantage dans les esprits.

Étant donné l'importance acquise par le rite de l'anneau dans la liturgie du mariage et la signification
nouvelle qu'on lui attribuait, on s'explique qu'il ait
eu une répercussion notable sur d'autres institutions.
C'est ainsi que l'anneau des évêques, usité dès le
viie siècle (2), est regardé dès le xiie siècle comme un
signe d'alliance avec l'Église qu'ils gouvernent. Une
fois consacrés, ils ne sont plus seulement fiancés,
mais vraiment *mariés* avec leurs Églises; et c'est cette
union mystique que leur anneau épiscopal exprime
désormais (3). Abandonner son Église pour passer à
une autre devient pour un évêque un véritable péché
d'adultère (4). L'assimilation est donc complète (5). —
Autre fait : en 1177, le pape Alexandre III, qui avait
quelque obligation de reconnaissance envers le doge de
Venise, Sébastien Zani, lui envoya un anneau d'or avec
ces mots : « Reçois ce gage de ton empire sur la mer;

(1) *Rituel de Bourges de 1746*, op. cit., p. 417 : « Mon épouse, je vous
donne cet anneau... en *signe* du mariage que nous contractons »; —
Supplément au Rituel romain, publié par le card. du Pont, arch. de
Bourges, 1851, p. 11, même texte.

(2) Sur l'origine de l'anneau épiscopal, cfr. Max Deloche, *Le port des
anneaux*, op. cit., p. 234 et s., 265; — et Dom Leclercq, v^o *Anneaux*,
§ v, *loc. cit.*, col. 2181-2183.

(3) Honorius d'Autun, *loc. cit.* : « Pontifex ergo anulum portat, ut se
sponsum Ecclesiae cognoscat »; — *Speculum Ecclesiae*, dans Dom
Martène, op. cit., t. II, p. 559 : « Episcopus debet habere anulum, quasi
sponsus est »; — Innocent III, *loc. cit.*

(4) *Decreta synodica ac pontificia Sedis apostolicae* : « Ut reus
adulterii habeatur episcopus qui, relicta ecclesia cui consecratus, ad aliam
emigraverit, parique poena coerceatur ac vir qui, relicta uxore, accesserat
ad aliam » (dans A. du Saussay, *Panoplia episcopalis*, Paris, 1646,
in-f°, p. 250). — Pour plus de détails, cfr. A. du Saussay, *ibid.*,
p. 277 et s.; — et Deloche, *loc. cit.*, p. 237-238.

(5) Elle est complète, mais elle manque de justesse; car ici c'est
l'époux (l'évêque) qui porte l'anneau, et non *l'épouse!*

tous les ans tu contracteras mariage avec elle, afin que
la postérité sache qu'elle est à toi, et que je consacre ta
puissance sur elle comme celle de l'époux sur l'épouse ».
Depuis, chaque année, à l'Ascension, le doge de Venise
jetait un anneau dans l'Adriatique pour indiquer qu'il
l'épousait (1). — Enfin, et ceci est plus remarquable
encore, les religieuses étant généralement regardées
comme les épouses de Jésus-Christ, on commença, vers
la fin du xiiᵉ siècle, à leur donner aussi un anneau, comme
signe de cette union mystique (2). On réalisait ainsi au
propre ce que sainte Agnès disait d'elle-même au figuré,
à une époque où n'existait encore que l'anneau des
fiançailles (3). L'anneau était placé par l'évêque au doigt
annulaire de la main droite de chaque religieuse avec
des formules et des cérémonies identiques à celles qui
étaient alors en usage dans la liturgie de l'anneau
nuptial (4).

14. — La liturgie de l'anneau nuptial comprenait, au
Moyen âge comme aujourd'hui, deux parties distinctes :
la *bénédiction* de l'anneau et son *imposition*, que nous
allons étudier séparément.

L'anneau destiné à être bénit devait être en métal;
mais la nature du métal importait peu (5). Cependant

---

(1) Cfr. J.-B. Thiers, *op. cit.*, p. 557-560 ; — et F. Nicolaÿ, *op. cit.*,
t. III, p. 288.

(2) L'anneau des religieuses apparaît pour la première fois « dans un
pontifical d'Aix, de 1200 environ, puis dans un pontifical de Reims, écrit
au commencement du xiiiᵉ siècle, et dans plusieurs autres des livres
liturgiques du xiiiᵉ et xivᵉ » (Barraud, *Des bagues à toutes les époques*,
dans le *Bulletin monumental*, année 1864, p. 63).

(3) Cfr. *suprà* nᵒ 2, *in fine*, en note.

(4) *Pontifical romain*, dans A. du Saussay, *op. cit.*, p. 749 : « Pontifex accipiens anulum cum dextera sua, et dextram manum virginis cum
sinistra manu sua, et mittens anulum ipsum anulari digito *dexterae* manus
virginis, desponsat illam Jesu Christo dicens singulis (virginibus): Desponso
te Jesu Christo, filio Summi Patris, qui te illaesam custodiat! Accipe
ergo anulum fidei, signaculum Spiritus sancti, ut *sponsa Dei* voceris ». —
Cfr. Max. Deloche, *loc. cit.*, p. 241 ; — et Dom Leclercq, *loc. cit.*, col. 2188.

(5) En Angleterre, Friedberg, *op. cit.*, p. 47, note 2, signale l'emploi, tout

à Auxerre au xiv° siècle, à Lyon et à Paris au xv°, les
rituels exigent que l'anneau soit en argent; d'après le
Manuel des cérémonies de Paris (xv° siècle), il devait être
« simple, sans ciselure, sans pierre précieuse, et sans
inscription » (1). Dans une partie du diocèse de Limoges,
on employait un anneau d'or (2). — La bénédiction de
l'anneau, placé sur un livre ou sur un bassin (*pelvicula*,
saïtum), s'accomplissait comme les autres cérémonies
du mariage, devant les portes de l'église, où les futurs
ne pénétraient que mariés (3). Elle avait lieu, soit *avant*,
soit *après* l'échange des consentements. Dans ce dernier
cas, elle était suivie immédiatement de l'imposition de
l'anneau. Elle avait lieu *avant* l'échange des consentements dans les diocèses de Paris, Lyon, Châlons,
Limoges en partie, et Liège (4); elle avait lieu *après* dans
les diocèses d'Évreux, Rouen, Amiens, Limoges en partie,
et Milan (5).

La bénédiction de l'anneau nuptial comportait des

à fait exceptionnel, d'anneaux de jonc. Cfr. Du Cange, *op. cit.*, v° *Anulus
de junco*; — et J.-B. Thiers, *op. cit.*, p. 462, qui cite une ordonnance de
1217 de Richard Poore, évêque de Salisbury, interdisant l'emploi d'anneaux
semblables.

(1) Cfr. Dom Martène, *op. cit.*, col. 365 (*Auxerre*), 369 (*Lyon*), 371
(*Paris*); — et le *Manuel des cérémonies de Paris*, dans A. du Saussay,
op. cit., p. 208-209 : « Postulabit (sacerdos) a futuro sponso anulum, cumque
argenteum, simplicem, absque coelatura, gemma, aut litteris inscriptis ».

(2) Dom Martène, col. 380 (*Limoges*) : « Aliqui vero servant aliam for-
mam, ut sequitur : anulum *aureum* benedicendo.... ». Chez les *Grecs*, il
y avait deux anneaux, l'un d'or pour l'homme, l'autre d'argent pour la femme
(*ibid.*, col. 347 et 390).

(3) Cfr. *suprà* n° 10, en note, l'indication de plusieurs textes à l'appui;
on peut ajouter : *Statuts de Plaisance* (année 1337), V, 25 : « Et facto
sacramento *ante* ecclesiam de dicto matrimonio fiendo, et posteà impositione
anuli in digito mulieris per ipsum virum seu ejus legitimum procuratorem
subsecuta » (Brandileone, *loc. cit.*, p. 337, en note).

(4) Cfr. Dom Martène, col. 360 et 371 (*Paris*, xiii° et xv° siècles); 369-370
(*Lyon*, xv° s.); 377 (*Châlons*); 380-381 (*Limoges*, 2° forme); 385 (*Liège*).

(5) *Ibid.*, col. 356-357 (*Évreux*, xiii° siècle); 367 (*Rouen*) : « Deinde
benedicatur anulus »; 373 (*Amiens*) : « Sequitur benedictio anuli »; 380
(*Limoges*) : « Postmodum sacerdos benedicit anulum » ; 388 (*Milan*).

formules variées, mais le plus souvent une formule double, composée de la bénédiction proprement dite et d'une oraison appropriée, dont l'ordre paraît avoir été indifférent. La plus ancienne, celle d'un missel de Rennes du xiᵉ siècle, est la plus courte; elle est ainsi conçue : « Créateur et conservateur du genre humain, donateur du salut éternel, Dieu tout-puissant, envoie le Saint Esprit sur cet anneau. Par N. S. J. C. — Bénis, Seigneur, cet anneau, afin que les époux gardent la chasteté à son image. Par N. S. J. C. » (1). Au xiiᵉ siècle, dans le pontifical d'Évreux, l'oraison est à peu près la même (2), mais la bénédiction est déjà plus longue : « Bénis, Seigneur, cet anneau, que nous bénissons en ton saint nom, afin que l'épouse qui portera ce symbole de fidélité demeure dans ta paix, persévère dans l'intégrité de la foi, vive toujours, croisse et vieillisse dans ton amour, et multiplie pour de longs jours. Par N. S. J. C. » (3). Cette dernière formule se retrouve au xiiiᵉ siècle dans un rituel manuscrit de l'abbaye de Saint-Victor de Paris (4). Au xivᵉ siècle, un pontifical de l'église d'Auxerre en donne une assez différente qui eut un grand succès; car elle fut adoptée ou imitée à Rouen, Lyon, Châlons, Limoges en partie, etc. (5). —

(1) *Ibid.*, col. 356 : « Creator et conservator humani generis, dator aeternae salutis, omnipotens Deus, tu permitte Spiritum sanctum Paraclitum super hunc anulum. Per Christum. — Benedic, Domine, anulum istum, ut in ejus figura pudicitiam custodiant. Per Christum ».

(2) *Ibid.*, col. 357 : « Creator et conservator humani generis, dator gratiae spiritualis, largitor aeternae salutis, tu, Domine, mitte benedictionem tuam super hunc anulum. Per Christum ».

(3) *Ibid.* : « Benedic, Domine, hunc anulum quem nos in tuo sancto nomine benedicimus, ut quae eum signaculum fidei desponsata portaverit, in tua pace consistat; et in fidei integritate permaneat, et in amore tuo semper vivat, crescat, et senescat, et multiplicetur in longitudinem dierum. Per Christum ».

(4) Cfr. *ibid.*, col. 360 (*Paris*, xiiiᵉ siècle); — col. 373 (*Amiens*).

(5) *Ibid.*, col. 365 (*Auxerre*, xivᵉ siècle): « Creator et conservator humani generis, dator gratiae spiritualis, largitor aeternae salutis, tu, Domine, emitte Spiritum sanctum tuum Paraclitum super hunc anulum, ut quae illum gesta-

Après avoir prononcé ces paroles, le prêtre asperge généralement l'anneau d'eau bénite (1), et quelquefois même l'encense, comme à Auxerre au XIV° siècle (2).

15. — L'imposition de l'anneau nuptial, appelée aussi *datio, immissio,* ou *traditio anuli* (3), se faisait toujours *après* l'échange des consentements (4). Partout, l'époux, qui devait donner l'anneau à l'épouse, le recevait d'abord des mains du prêtre (5); mais ensuite la céré-

verit sit armata virtute coelestis defensionis, et proficiat illi ad aeternam salutem. Per Christum »; — col. 367 (*Rouen*, XIV° siècle); — col. 369 (*Lyon*, XV° siècle); — col. 377 (*Châlons*); — col. 380 (*Limoges*, 2° forme); etc. Cette formule est moins précise que la précédente; car l'on n'y trouve pas d'allusion au mariage; elle pourrait servir pour un anneau quelconque, et de fait avait cet usage à Bourges (*Rituel de 1746, op. cit.,* 2° part., p. 16). — Dom Martène, *op. cit.,* publie d'autres formules assez divergentes : col. 363 (*Arles*, XIV° siècle); — col. 380 (*Limoges*, 1re forme); — col. 383 (*Reims*), etc.

(1) Cfr. Dom Martène, *op. cit.,* col. 365 (*Auxerre*), 370 (*Lyon*), 773 (*Châlons*), 380 (*Limoges,* 2° forme): « Tunc aspergatur aqua benedicta super anulo », 383 (*Lyon*), 388 (*Milan*); — *Rituel de Bourges de 1746, op.cit.,* p. 417 : « Le curé jettera ensuite de l'eau bénite en forme de croix »; — *Rituel romain :* « Deinde sacerdos aspergat annulum aqua benedicta in modum crucis ». — Même rite à *Salisbury* et *York* (Friedberg, *op. cit.,* p. 36).

(2) Dom Martène, *op. cit.,* col. 365 (*Auxerre,* XIV° siècle).

(3) Cfr. *Statuts de Plaisance* (année 1337) : « impositione anuli » (dans Brandileone, *loc. cit.,* p. 337, en note); — *Rituels* d'Évreux, de Liège, et de Milan, dans Dom Martène, *op. cit.,* col. 357, 385, 388 : « imponat, imponit »; — Geoffroy de Trani, *loc. cit. :* « anuli datio, per anuli dationem »; — *Statuts de Gaëte :* « De anulo immittendo uxori » (dans Brandileone, *ibid.*); — *Rituel d'Évreux,* dans A. du Saussay, *op. cit.,* p. 263 : « sponso anulum tradente », etc.

(4) A Liège, par exception, elle avait lieu *avant* (Dom Martène, *op. cit.,* col. 385, rituel de *Liège*).

(5) Dom Martène, *op. cit.,* col. 357 (Lyre, au dioc. d'*Évreux,* XII° siècle): « Hic accipiat sponsus anulum »; — col. 365 (*Auxerre*); — col. 373 (*Amiens*); — col. 375 (Paris, XV° siècle) : « Tunc sacerdos tradat anulum sponso »; — col. 377 (*Châlons*) : « Sacerdos det anulum benedictum sponso ad subarrhandum sponsam »; — col. 381 (*Limoges*) : « Tunc sacerdos tradat anulum sponso »; — col. 388 (*Milan*); — col. 346 (rituel de *Reims* de 1585) : « Tunc accipiat sponsus anulum... »; — *Paroissial de Cologne,* de 1592 : « Tunc sacerdos..... anulum ex suo digito extrahens, sponso tradat » (dans Friedberg, *op. cit.,* p. 91); — *Rituel Romain* : « Et sponsus acceptum anulum de manu sacerdotis... ».

monie affectait des formes très diverses et plus ou moins compliquées suivant les diocèses. Le plus généralement, l'époux, tenant l'anneau entre deux ou trois doigts et conduit par la main du prêtre (*per manum sacerdotis*), plaçait ou appliquait simplement cet anneau à trois doigts de la main droite de sa femme, d'abord au pouce, en disant *avec* ou *après* le célébrant : « Marie, de cest annel l'espouse, et de mon corps t'honnoure, et te dotte dou dottaire, qui est divisiez entre mes amis et les tiens; *in nomine Patris* »; puis à l'index, en disant : « *et Filii* »; enfin au doigt du milieu, en achevant : « *et Spiritus sancti; amen* » : l'anneau devait rester là, c'est-à-dire au troisième doigt de la main droite, suivant l'usage gaulois. Tel était le rite suivi à Paris, au moins au XVe siècle (1), à Auxerre, Lyon, Châlons, et Limoges, avec quelques variantes (2).

Ailleurs, on procédait autrement. A *Évreux*, au XIIe siècle, après avoir imposé l'anneau à trois doigts de la main droite de sa femme, l'époux le plaçait finale-

(1) A Paris, au XIIIe siècle, c'était le prêtre lui-même qui imposait l'anneau aux trois doigts de l'épouse; l'époux disait ensuite : « *De isto anulo te sponso, et isto auro te honoro, et de ista dote te doto* » (Dom Martène, *op. cit.*, col. 360).

(2) *Ibid.*, col. 375 (*Paris*, XVe siècle) : « Sponsus autem per manum sacerdotis primo ponat in pollice sponsae, post presbyterum dicens ista verba : « Marie, de cest anel l'espouse, et de mon corps t'honoure, et te » doüe dou doüaire, qui est divisiez entre mes amis et les tiens; *in nomine* » *Patris* » ; deinde in indice, dicens : *et Filii;* deinde in medio, dicens : *et Spiritus sancti; amen.* Ibique remaneat anulus » ; — col. 365 (*Auxerre*, XIVe siècle) : « ... ibique maneat anulus » ; — col. 370 (*Lyon*, XVe siècle) : « Deinde, dum ponitur anulus, pontifex et vir insimul dicunt : « N., de cet » anel l'espouse, ou nom du Père, du Fils, et du Saint Esprit; amen », etc.; — col. 377 (*Châlons*) : « ... Et dicat sacerdos : « Dites après moi : N., de cet » anneau te espouse, et de mes biens te doüe, et de mon corps t'honore. *In nomine Patris,* super pollicem; secundo, super indicem : *et Filii*; tertiò, super medium : *et Spiritus sancti.* Et relinquat anulum in medio » ; — col. 380 (*Limoges*) : « Et tunc sponsus teneat anulum cum tribus digitis, etc. In medio remanet » ; — col. 381 (*Limoges*, 2e forme) : « Et sponsus per presbyteri manus ponit, primo parum in pollice dicens ista verba... (comme à Paris)... Et in medio remanet ».

ment à l'un des doigts de la main *gauche*, où il le laissait; le pontifical fait observer que l'épouse doit porter l'anneau à la main gauche, à la différence des évêques, qui le portent à la main droite (1). Un autre rituel de la même église nous révèle une pratique superstitieuse qui accompagnait à Évreux la tradition de l'anneau : au moment de le recevoir, l'épouse le laissait tomber à terre, pour conjurer les maléfices ! Le rituel condamne cet usage et ordonne d'excommunier ceux qui le pratiquent (2). — [A *Reims*, l'époux devait tenir l'anneau entre le pouce et l'index de la main droite; puis, conduit par le prêtre, qui tenait de sa main gauche la main droite de l'époux, et de sa main droite la main droite de l'épouse, il appliquait l'anneau successivement au pouce, à l'index, au troisième et au quatrième doigt, en récitant les vers suivants :

> Par cet anel l'Eglise enjoint
> Que nos deux cueurs en ung soient joints
> Par vray amour et loyale foy;
> Pourtant je te mets en ce doy.

Ce doigt, c'était le quatrième doigt de la main droite, le *medicus*, comme l'appelle le rituel à l'instar des

(1) *Ibid.*, col. 357 : « ... Et unà cum sacerdote in tribus digitis dextrae manus sponsae imponat, dicens ad primum digitum : *In nomine Patris*; ad secundum : *et Filii*; ad tertium : *et Spiritus sancti*. Et sic imponat in uno digito sinistrae manus eumdem anulum, et ibi relinquat, ut eum deinceps in *sinistra* ferat, ad differentiam gradûs episcopalis, ubi anulus in signaculum integrae et plenae castitatis in dextra manu publice est portandus ». — Le Concile provincial de *Milan* de 1576 impose formellement le port de l'anneau nuptial à la main gauche : « Non dexterae, sed sinistrae manus sponsae digitus induatur annulo nuptiali » (dans Friedberg, *op. cit.*, p. 29, note 1).

(2) *Rituel d'Évreux* de 1606 et 1611 : « Ad arcendum, ut dicunt, maleficium, hoc vano utuntur remedio : ut sponso anulum sponsae suae tradente, sponsa ista, data opera, anulum in terram cedere permittat ». On trouve la même défense, indice de la même superstition, dans les rituels de *Beauvais*, 1637 (même texte); *Rouen*, 1610; *Chartres*, 1640; *Paris*, 1616; *Bologne*, 1647; *Bourges*, 1666. — Cf. J.-B. Thiers, *op. cit.*, p. 515-516; — A. du Saussay, *op. cit.*, p. 263; — Max. Deloche, *loc. cit.*, p. 230-231.

anciens (1). En 1585, un nouveau rituel substitua aux vers précités la formule plus simple en usage à Paris, mais ne changea rien au reste du rite (2). Des rituels analysés par Friedberg montrent qu'à *Salisbury* et à *York*, la tradition de l'anneau se faisait comme à Reims, à très peu près (3).

A *Rouen*, au XIVᵉ siècle, l'époux doit prendre l'anneau dans la main droite, de telle façon que *tous* ses doigts le touchent, et l'appliquer à *tous* les doigts de l'épouse, et d'abord au pouce, en prononçant en français la formule habituelle; il laisse ensuite l'anneau au troisième doigt de la main droite de sa femme (4). — A *Amiens*, l'époux tient l'anneau avec trois doigts, prononce la formule, indique le montant du douaire, et ajoute : *In nomine Patris* sur le pouce et l'auriculaire, *Et Filii* sur l'index et le quatrième doigt, et termine *Et Spiritûs sancti, amen*, sur le doigt du milieu, où l'anneau doit rester (5).

Dans les rituels plus récents, la cérémonie est simplifiée : comme aujourd'hui, l'époux passe simplement l'anneau nuptial au doigt même auquel la femme doit

(1) Dom Martène, *ibid.*, col. 383 : « Ilis dictis, sponsus accipiat manu dextera inter pollicem et indicem annulum, et presbyter laeva sua manum sponsi ducens, tenendo sua dextera manum sponsae dexteram, applicet anulum ad pollicem sponsae dicens viro : N., dites après moy, ad pollicem : Par cet anel l'Eglise enjoint, ad indicem : Que nos deux cueurs en ung soit joints, ad medium : Par vray amour et loyale foy; ad medicum : Pourtant je te mets en ce doy. In nomine Patris, etc. Et ibi dimittitur anulus ».

(2) *Ibid.*, col. 346 (rituel de 1585, pour la prov. de *Reims*) : « ... Et per manum sucerdotis collocet annulum in quarto digito manus dextrae sponsae, dicens post sacerdotem : N., de cet anneau je vous épouse, super pollicem et indicem, et de mon corps je vous honore, super medium et medicum; et ibi relinquatur annulus ».

(3) Friedberg, *op. cit.*, p. 36.

(4) Dom Martène, *ibid.*, col. 367 : « Hic sponsus capiat annulum in manu dextrâ, ita quod omnes digiti viri tangant annulum et faciat tangere annulum ad universos digitos mulieris, primum ad pollicem dicendo verbis gallicis : N., de cest anel te espouse, et de mon corps te honoure, et de cest argent te doue. In nomine Patris, etc. Et remaneat annulus in tertio digito mulieris, cum aliis quae ipse voluerit dare ».

(5) *Ibid.*, col. 372 (la formule est un peu déformée).

le porter. A Rome (1), à Milan (2), à Salisbury et à
York (3), à Cologne au xiv° siècle (4), à Bourges au
xviii° siècle (5), c'était, comme chez les anciens Romains
et comme aujourd'hui, au quatrième doigt de la main
gauche, le véritable doigt annulaire. A *Liège*, comme
à Paris au xiii° siècle, le prêtre imposait lui-même l'anneau, soit au quatrième doigt de la main droite, soit à
un autre, suivant l'usage des lieux et des familles (6). —
Si par la suite la femme venait à perdre son anneau, elle
pouvait en faire bénir un autre ; mais alors la formule de
bénédiction différait de celle qui avait servi au moment
du mariage, au moins quand cette dernière faisait
allusion au mariage lui-même (7).

Chez les Grecs, la cérémonie est très différente : le

(1) *Rituel romain* : « Et sponsus acceptum annulum de manu sacerdotis,
imponit in digito annulari sinistrae manus sponsae, sacerdote dicente : « In
nomine Patris, et Filii, et Spiritûs sancti ; amen ».

(2) *Rituel de Milan*, dans A. du Saussay, *op. cit.*, p. 263 ; — dans Dom
Martène, *op. cit.*, col. 888 : « ... sponso, qui digito quarto annulari sinistrae
manus sponsae eum imponit... ».

(3) *Rituels de Salisbury et de York*, analysés par Friedberg, *op. cit.*,
p. 36 : « Endlich an den vierten, an den *digitus annularis*,... heisst :
amen ».

(4) *Formule de Cologne* (xiv° siècle), dans Friedberg, *ibid.*, p. 29, et
Sohm, *op. cit.*, p. 321 : « So sall der Brudgam dan den Rynck nemen ind
stechen dan den Rynck der Bruyt in yrem Vynger neyst dem kleynen
Vynger ».

(5) *Rituel de Bourges* (1746), *op. cit.*, p. 417-418 : « [Le curé], s'étant
couvert, avertira l'époux de prendre... l'anneau pour lui mettre au doigt
annulaire de la main gauche, c'est-à-dire à celui qui est le plus proche du
petit doigt. En le donnant, l'époux dira : « Mon épouse, je vous donne... cet
anneau en signe du mariage que nous contractons ». L'épouse répondra : « Je
le reçois ». Puis le curé, s'étant découvert, fera le signe de la croix sur les
époux, en disant : *In nomine Patris*, etc. ». — Le *Supplément* au Rituel
romain publié à Bourges en 1851 maintient cette formule, omise dans le
Rituel romain.

(6) Dom Martène, *op. cit.*, col. 385 : « (Sacerdos) rogabit num annulus
paratus sit sponsae, quem, si praesto sit, imponet digito annulari dexterae
manus sponsae, vel alii, secundum morem loci et personarum, cum hac forma
verborum et signo crucis, etc. ».

(7) Cfr. *Rituel de Bourges* (1746), *op. cit.*, p. 417 (bénéd. de l'anneau
nuptial), et 2° partie, p. 16 (bénéd. d'un nouvel anneau).

prêtre prend sur l'autel les deux anneaux, l'un d'or,
l'autre d'argent, qui ont été préparés d'avance et placés
le premier à gauche et le second à droite; puis il donne
l'anneau d'or à l'époux, en lui disant : « Le serviteur de
Dieu N. est *subarrhé* pour la servante de Dieu N. »; il
donne l'anneau d'argent à l'épouse, en disant de même :
« La servante de Dieu N. est *subarrhée* pour le serviteur de Dieu N. ». Il répète cette formule trois fois,
fait une croix au-dessus de la tête des époux avec leurs
anneaux, et leur passe au doigt celui qui leur est destiné.
Mais ensuite, pendant qu'il récite les prières rituelles,
le paranymphe ou *pronubus* s'approche et change entre
eux les deux anneaux (1). Cette *permutatio annulorum*
était déjà en usage dans le rite grec au xi° siècle (2).
Elle fut adoptée au xiii° siècle par les Juifs (3), au moins
en France (4), et au xvi° par les protestants allemands (5)
et anglais (6). Dans le diocèse de *Bordeaux,* le rituel de
1596 prescrivait aussi deux anneaux; le prêtre passait
l'un au quatrième doigt de la main droite de l'époux, et

(1) Cfr. Dom Martène, *op. cit.,* col. 317, d'après Leo Allatius, *De per-
petua consensione occidentalis et orientalis Ecclesiae,* III, 16, n° 15 :
« Sacerdos ex altari duos annulos accipit, unum aureum, argenteum alterum;
et aureum viro, argenteum mulieri, recitans verba ad hoc praescripta, exhibet;
annulos posteà immutat compater sive fidejussor, eodem sacerdote orante »;
— col. 390-391, d'après l'*Euchologe* des Grecs : « Subarrhatur servus Dei
N. propter ancillam Dei N. — Subarrhatur ancilla Dei N. propter servum
Dei N. etc. Deinde recens nuptorum annulos commutat assistens para-
nymphus »; — col. 399, même rite pour les secondes noces : « Deinde
annulos commutat pronubus ». — Cfr. J.-B. Thiers, *ibid.,* p. 511.

(2) Cfr. *suprà* n° 4, *in principio.*

(3) Cfr. L.-G. Lévy, *op. cit.,* p. 157, note 1.

(4) Ch. Laumier, *Cérémonies nupt. des peuples anciens et modernes,*
Paris, 1829, in-18, p. 118 : « On fait l'échange de deux anneaux... ».

(5) Luther, *Trauritual* : « Hie lasse sich die *Trauringe* einander
geben. »; — Friedberg, *op. cit.,* p. 205; — Sohm. *op. cit.,* p. 217-219, notes
32 et 34, 220, 302, où il cite en ce sens divers *Kirchenordnungen.*

(6) Shakespeare, *Twelfth night,* V, 1 :

> A contract of eternal bond of love...,
> Strengthen'd by enterchangement of your rings.

Cfr. Friedberg, *op. cit.,* p. 46, texte et note 3; p. 47, note 1; p. 38.

celui-ci passait l'autre au quatrième doigt de la main droite de l'épouse. Mais c'était un usage tout à fait exceptionnel. Dans les autres diocèses, il était, au contraire, défendu de bénir plusieurs anneaux, pour bien montrer que l'Église prohibe la polygamie(1).

§ V. — La pièce de mariage et le treizain.

16. — Dans les rituels que nous venons d'analyser à propos de l'anneau nuptial, il est souvent question de pièces d'argent que le prêtre bénit et que l'époux remet à l'épouse, soit *avec* l'anneau, soit aussitôt *après* : ces pièces d'argent s'appellent les *pièces de mariage*. On peut prendre des pièces de monnaie quelconques, ou se procurer des pièces *ad hoc*, que fabriquent les joailliers. Dans la plupart des pays, il n'y a qu'une seule pièce. Dans certains, il y en a toujours treize, et leur ensemble porte le nom de *treizain*. Nous avons à rechercher l'origine et le sens de ce rite.

Il est possible qu'il remonte aux premiers temps de l'Église. Chez les Juifs, en effet, on sait que le mariage s'accomplissait essentiellement par la remise à la femme d'un acte écrit, appelé *kidouschim*, parfois *eroussin;* après quoi, la fiancée prenait le nom d'*aroussah* (2). Or cet acte écrit, embarrassant pour les illettrés, pouvait être remplacé par le don d'une pièce de monnaie, fait à la femme devant témoins et accompagné de certains mots consacrés, signifiant ceci : « Par cette monnaie, tu m'es désormais réservée » (3). En Égypte, au temps du

(1) Cfr. *Rituels de* Paris, 1615, 1630, 1646; Châlons-sur-Marne, 1649; Troyes, 1660; Bourges, 1666; — et J.-B. Thiers, *ibid.*, p. 512 et 514.

(2) Cfr. Rabbinowicz, *op. cit.*, p. xxvii.

(3) Cfr. Lud. de Compiègne de Veille, *Hebraeorum de connubiis jus civile et pontificium*, Paris, 1673, p. 13-17; — Léon de Modène, *Cérémonies et coutumes qui s'observent auj. parmi les Juifs*, trad. par le sieur de Simonville, Paris, 1710, p. 126 et s.; — Rabbinovicz, *ibid.*, p. xxix; — R. Dareste, *Études d'histoire du droit*, Paris, 1889, in-8°,

roi Bocchoris, le mariage se faisait dans la même forme: l'époux, s'adressant à la femme, s'engageait à la traiter comme épouse, et à titre d'*arrhes*, lui donnait une ou plusieurs pièces de monnaie (1). Doit-on regarder comme des arrhes la pièce d'argent juive? Il est plus probable qu'elle constituait un signe matériel destiné, avec les témoins, à former la preuve du mariage conclu.

Les premiers chrétiens d'origine juive, la plupart illettrés, ont continué à se marier de cette façon. Mais il n'en pouvait être de même pour les chrétiens grecs ou romains. Dans le droit auquel ils restaient soumis, on ne voit figurer, parmi les rites nuptiaux, aucune pièce de monnaie remise par l'époux à l'épouse, soit à titre d'arrhes, soit en signe du mariage conclu (2). Dans ces conditions, l'usage hébraïque ne trouvait aucun point d'appui, ni en Occident, ni même en Orient, en dehors de la Palestine et de l'Égypte. Il ne put se maintenir longtemps en Occident, à supposer qu'il s'y soit introduit.

17. — Mais quand les Germains se furent établis sur les ruines de l'Empire, la situation changea. Le mariage germanique comprenait essentiellement trois actes : la *desponsatio*, la *dotatio*, la *traditio puellae*. Or la *desponsatio* (ou fiançailles) ne s'opérait pas, comme chez les Romains, par la remise d'un anneau, mais par la remise, entre les mains du père ou du *mundoaldus*

p. 38; — P. Viollet, *Hist. du droit civil français*, 3ᵉ éd., Paris, 1905, in-8º, p. 459; — L.-G. Lévy, *op. cit.*, p. 157, note 1, et p. 165.

(1) R. Dareste, *op. cit.*, p. 4.

(2) A Rome, cependant, après la *deductio in domum mariti*, le mari remettait à la femme plusieurs pièces d'or sur un plat; mais cet usage, auquel Juvénal fait allusion, se rattache à une autre idée. Juvénal dit en effet :

> . . . . nec illud
> Quod prima pro nocte datur, quum lance beata
> Dacicus et scripto radiat Germanicus auro (VI, vers 204-205).

Il s'agit donc là du *pretium virginitatis*, comme dans le *morgengab* germanique. Ni l'un ni l'autre de ces usages, assez grossiers, n'a laissé de traces dans les rites du mariage chrétien.

de la fille, d'une certaine somme d'argent : prix d'achat de celle-ci ou présents à sa famille, peu importe ici. Chez les Franks saliens, au v° siècle, la somme à verser était fixée uniformément à un sou et un denier pour les vierges, trois sous et un denier pour les veuves (1). C'est en offrant à Gondebaud un sou et un denier, *ut mos erat Francorum*, que les envoyés de Clovis fiancèrent Clotilde à leur maître (2). Dans les pays occupés par les Franks saliens, l'usage du sou et du denier persista longtemps, ainsi qu'on peut l'augurer du nombre relativement considérable des formules qui nous sont parvenues (3). En même temps, on l'a vu, les Gallo-Romains pratiquaient l'usage des arrhes symbolisées par l'anneau (4). Les deux idées se mêlèrent. Quel qu'ait été à l'origine le sens de la tradition du sou et du denier, elle finit par être regardée comme constituant des arrhes : des fragments de formules recueillis par P. Pithou, malheureusement de date et de provenance incertaines, peuvent servir à le prouver (5). En 966 encore, on voit un fiancé donner au père de sa fiancée un sou d'or de Constantin à titre d'arrhes (6).

(1) *Lex Salica* (1ᵉʳ texte de Pardessus), XLIV, art. 1 : « Et tunc illi qui viduam accipere debet tres solidos aeque pensantes et denario habere debet » ; — *Lex emendata*, XLVI, même texte.

(2) Frédégaire, *Epitomata*, 18 : « Legati offerentes *solidum et denarium*, ut mos erat Francorum, eam partibus Chlodovei sponsant » (dans Migne, P. L., t. LXXI, col. 585).

(3) *Formules saliques de Rignon*, 6 : « ... Dum et ego tibi per *solido et dinario* secundum legem Salicam visus fui sponsari, ideo... » ; — *Form. saliq. de Merkel* : « Idcircò ego in Dei nomine *ille*, filius *illius*, puellam ingenuam nomine *illa*, filiam *illius*, per *solidum et denarium* secundum legem Salicam et antiquam consuetudinem sponsare debere ; quod ita et feci » ; — *Form. saliq. de Lindenbrog*, 7 : « .... ut ego tibi *solido et denario* secundum legem Salicam sponsare deberem ; quod ita et feci » (dans Zeumer, *op. cit.*, p 230, 217, 271). Cfr. *infrà* d'autres citations.

(4) Cfr. *suprà*, n°ˢ 1 et 2.

(5) *Form. de P. Pithou* : « Per *solido et denario* et in *arras* habui desponsata..... Convenit, ut ipse illi ipso solido et denario de ipsas arras ante plures bonis hominibus... » (dans Zeumer, *ibid.*, p. 598).

(6) *Codex diplom. Cavensis*, n° 236, tome II, p. 31 : « Unde ividem

Pendant toute la période mérovingienne, le *solidus* des formules saliques fut le sou d'or romain valant quarante deniers d'argent (1); mais chez les Ripuaires, suivant l'usage germanique, on comptait par sous d'argent, valant 12 deniers (2). Quand les Carolingiens, Franks ripuaires, arrivèrent au pouvoir, ils généralisèrent leur coutume propre; et entre Franks, on ne compta plus que par sous d'argent, valant 12 deniers (3). Or, le sou d'argent était seulement une monnaie de compte et non une monnaie réelle; pour payer un sou et un denier, le plus simple était donc de donner 13 deniers d'argent ; ainsi s'expliquent certaines formules, où l'on voit 13 deniers d'argent remplacer le sou d'or et le denier d'argent des temps mérovingiens (4). Les riches remplaçaient parfois les 13 deniers d'argent par 13 pièces d'or, comme l'atteste une formule du

presens per baculum ipse Petrus ipsa filia sua mihi legitimam uxorem tradidit, et *arre* à me recepit pro ipsa filia sua soliaureum Constantinum unum (966) ». — Cfr. Thévenin, *Textes relatifs aux institutions privées des époq. mérov. et carol.*, Paris, 1887, in-8°, n° 135.

(1) Cela résulte de plus de 350 passages de la *Loi salique*, où le wergeld est exprimé à la fois en deniers et en sous. Cfr. Hincmar, *Vie de saint Rémy* : « In testamento à B. Remigio condito, lector attendat, quia solidorum quantitas numero quadraginta denariorum computatur, sicut tunc solidi habebantur, et in Francorum lege salica continetur; et generaliter in solutione usque ad tempora Karoli perduravit, velut in ejus capitulis continetur » (cité par Du Cange, *Gloss.*, t. VII, p. 518, col. 3).

(2) *Lex Ripuaria*, tit. XXXVI, art. 12 : « Quod si cum argento solvere contigerit, pro solido duodecim denarios, sicut antiquitus est constitutum »; tit. XXIII : « ... tremissem, id est quatuor denarios, componat ». Cfr. Hiver, *Recherches sur les monnaies*, Paris, 1864, in-8°, p. 8 et 12.

(3) Cfr. *Capit. de 743*, art. 2 : « ... solidus, id est duodecim denarii »; *cap. de 797*, art. 11 : « In argento duodecim denarios solidum faciant »; *cap. de 803*, art. 9 : « Omnia debita quae ad partem regis solvere debent, solidis duodecim denariorum solvant, excepto freda quae in lege Saligâ scripta est: illa eodem solido quo ceterae compositiones solvi debent componatur »; *cap. de 816*, art. 3 : « Ut omnis solutio adque compositio, que lege Salica continetur, in Francia per duodecim derariorum solidos componatur, excepto ubi contentio inter Saxones et Frisiones exorta fuit : ibi volumus ut quadraginta denariorum quantitatem solidus habeat, quem vel Saxo vel Frisio ad partem Salici Franci cum eo litigantis solvere debet », etc.

(4) Cfr. *infrà* n° 20.

ix⁰ siècle (1). Ce chiffre 13 est à retenir; nous le retrouverons dans un instant.

18. — Auparavant, il faut voir ce que devenait en Occident le second élément du mariage germanique, la *dotatio*, c'est-à-dire la tradition par le mari à la femme d'un ensemble de biens quelconque, appelé *dos ex marito*. Cette *dos ex marito* existait déjà au temps de Tacite (2). Elle a précédé par conséquent de longtemps la *donatio ante nuptias* du droit romain (3), avec laquelle, au Moyen âge, elle finit par se confondre plus ou moins. Au vᵉ siècle, l'une et l'autre se réalisaient avant le mariage, et la femme devenait par le mariage propriétaire des biens qui lui étaient donnés (4). De ces deux usages concurrents, il résultait ceci : c'est qu'en Gaule, en Espagne, et ailleurs, qu'elle fût de race germanique ou romaine, toute femme mariée recevait une donation de son mari; et le *libellus dotis*, dressé à cette occasion, était même, à cette époque où les actes de l'état civil n'étaient pas connus, la meilleure preuve du mariage contracté (5). Aussi, au viiᵉ siècle, le roi des Wisigoths Receswind invite-t-il ses sujets à ne célébrer aucun mariage sans qu'il y ait au profit de la fiancée constitu-

(1) *Libellus dotis* n⁰ 12 (dans Zeumer, *ibid.*, p. 541) : « Ego illam desponsavi secundum legem Salicam *per 13 aureos nummos* sponsam carissimam et dilectissimam mihi nomine *illam*, cum consensu parentum ac propinquorum utriusque partis ».

(2) Tacite, *De moribus Germanorum*, 18 : « Dotem non uxor marito, sed uxori maritus offert ».

(3) Cfr. *Inst. Just.*, II, 7, § 3 : « Est et aliud genus inter vivos donationum, quod veteribus quidem prudentibus penitùs erat incognitum, posteà autem à junioribus divis principibus introductum est, quod ante nuptias vocabatur, et tacitam in se condicionem habebat, ut tunc ratum esset, cum matrimonium fuerit insecutum ».

(4) Pour la *donatio ante nuptias*, cfr. *suprà*, n⁰ 5; — pour la *dos* germanique, cfr. *Libelli dotis*, n⁰ˢ 9, 10, 11, 12, les *formules* de Bignon, 6, de Merkel, de Lindenbrog, 7, de Tours, 14 et 15, append. aux form. de Tours, 2 et 3 (dans Zeumer, *op. cit* , p. 538, 539, 540, 541, 230, 237, 271, 142).

(5) Cfr. *Loi des Wisigoths*, III, 1, ch. ix (Receswind) : « ... ubi dos nec data est nec conscripta, quod testimonium esse poterit, in hoc conjugio dignitatem futuram? »

tion d'une *dos;* l'édit est intitulé dans les manuscrits :
Ne sine dote conjugium fiat (1). Au ixᵉ siècle, Benedictus
Levita s'empara de cette rubrique et l'inséra dans son
recueil de capitulaires, en la présentant, pour lui donner
plus de valeur, comme un canon du concile d'Arles de
524 (2). La supercherie réussit, et la *dotatio* devint une
règle générale dans les mariages chrétiens d'Occident, si
bien que plus tard Ives de Chartres et Gratien accueil-
lirent sans défiance dans leurs *Décrets* le pseudo-canon
d'Arles, et lui donnèrent par là un regain d'autorité (3).

Or comment s'effectuait cette *dotatio* de l'épouse?
D'après les formules dérivées du droit romain, il y avait
d'abord rédaction d'un écrit, le *libellus dotis* ou *osculum;*
puis tradition, et, à cette occasion, rédaction d'un nouvel
écrit, la *carta traditionis*(4); enfin, là où ils subsistaient,
enregistrement aux *gesta municipalia* de cette *series
scripturarum* (5). D'après les formules dérivées du droit
frank, la tradition de la *dos* avait lieu par les modes ordi-
naires du droit germanique, c'est-à-dire par le jet de la
festuca et la remise d'un objet symbolique, un gant par
exemple : *per festucam et andelangum,* disent certains
textes (6). Mais on pouvait prendre pour symbole un autre

(1) *Loi des Wisigoths, ibid.*

(2) Bened. Levita, II, 133 : « Nullum sine dote fiat conjugium, nec sine
publicis nuptiis quisquam nubere praesumat ». Sur le caractère apocryphe
de ce canon d'Arles, cfr. Mansi, *Coll. concil.,* t. VIII, col. 627.

(3) *Decretum* d'Ives de Chartres, VIII, 144; — de Gratien, II, cause XXX,
qu. 5, canon 6. — Cfr. Esmein, *Mariage, op. cit.,* p. 185-187; — et Viollet,
ibid., p. 459.

(4) Cfr. *Form. de Tours,* nᵒˢ 14 (*libellus*) et 15 (*trad.*); — *Append.*
aux form. de Tours, nᵒˢ 2 (*libellus*) et 3 (*trad.*), dans Zeumer, *op. cit.,*
p. 142.

(5) Cfr. *Form. de Bourges,* nᵒ 15, datée de 805 (dans Zeumer, *ibid.,*
p. 175-176) : « Et ut mos et lex est, gestis municipalibus volo esse adlegati
atque adfirmata, stipulatione subnixa... In anno tricesimo quarto regnante
domno nostro Carolo rege, et ex eo, Christo propitio, sumpsit imperium
quinto anno incoante ».

(6) *Form. salig. de Lindenbrog,* 7 : « ... per fistucam atque per andelangum... » (*ibid.,* p. 271).

objet, et notamment une pièce de monnaie. En 866, le pape Nicolas Ier mentionne la rédaction d'un écrit pour la constitution de la *dos ex marito*, laquelle est ensuite l'objet d'une tradition faite par le fiancé à la fiancée; mais il ne fait aucune allusion à un rite qui aurait rappelé cette *dotatio* dans la liturgie du mariage (1). Peut-être n'y en avait-il pas encore. A cette époque, en effet, la règle posée par Benedictus Levita n'avait pas eu le temps de devenir, la coutume aidant, une règle canonique (2).

19. — Au xe siècle, les conditions du problème se modifient. La *dotatio*, c'est-à-dire la constitution du *douaire* (lequel remplace la *dos ex marito*), est devenue un des éléments du mariage canonique. Cette constitution se fait toujours *ad valvas ecclesiae*, à « l'huis du moustier », quand les deux fiancés s'y présentent pour recevoir la bénédiction nuptiale (3). Dès le xie siècle,

(1) Nicolas Ier, *Resp. ad Bulg.*, loc. cit. : « ... dotemque utrique placitam sponsus et cum scripto pactum hoc continente coram invitatis ab utraque parte tradiderit, ... ambo ad nuptialia federa perducuntur ». — *Adde* Lettre de Nicolas Ier à « Radualdus ep. Portuensis et Johannes ep. Ficolensis » (*Porto et Cervia*) : « ... premissis dotibus, coram testibus, secundum legem et ritum quo nuptiae celebrari solent... » (dans le *Décret de Gratien*, II, cause 31, qu. 2, canon 4).

(2) Il ne devait y avoir encore qu'un usage, mais déjà très répandu en Gaule; car il offrait un moyen facile de distinguer les épouses légitimes des concubines. C'est ainsi qu'une formule de Sens du viiie siècle prouve que les enfants issus d'une femme qui n'avait pas été *dotata*, étaient appelés *filii naturales* et traités comme tels : « Ideoque ego *ille*, dum non est incognitum quod femina aliqua nomen *illa* bene ingenua ad conjugium mihi sociavi uxore, sed qualis causa vel tempora me oppresserunt ut chartolam libelli *dotis* ad eam, sicut lex declarat, minime excessit facere, unde ipsi filii mei, secundum legem, naturales appellantur » (*Form. Senon, App.*, 1, *a* et *o*, dans Zeumer, *op. cit.*, 208 et 209). Quand Charles le Chauve, en 870, après la mort de la reine Ermentrude, épousa Richilde, sœur de Boson, qu'il avait d'abord prise comme concubine, les chroniques notent expressément qu'il la fiança et doua : « Praedictam concubinam suam Richildem desponsatam atque *dotatam* in conjugem duxit » (cfr. Sohm, *Trauung, op. cit.*, p. 31). — Cfr. *Concile de Tribur* de 895, canon 38 : « Est igitur (ancilla) ... ingenua facta et *dotata* legitime et in publicis honestata nuptiis, et proptereà jam non est concubina, sed uxor legibus acquisita ». On retrouve ces expressions dans Gratien, *Decretum*, II, cause 32, qu. 2, canon 12.

(3) Cfr. *suprà* n° 10, en note, les textes cités à l'appui.

certains rituels exigent que l'acte constitutif du douaire
ou *dotalitium* soit lu devant les assistants (1), ou bien
que le montant du douaire soit indiqué par le mari au
moment où il impose l'anneau nuptial à sa femme (2) :
c'était en somme à ce moment-là que se formait le contrat. Mais au Moyen âge, les contrats étaient presque
tous formalistes ; il fallait pour leur perfection, employer
une formule ou un symbole, quelquefois les deux. La
formule, on la retrouve dans nombre de rituels : en
imposant l'anneau à sa femme, après mention faite de la
dos, l'époux lui disait, on l'a vu (*suprà* n° 15) : « *De ista
dote te doto* », ou bien : « De cet argent je te doue », ou
encore : « Je te doue du douaire qui a été devisé entre
mes amis et les tiens » (3). Quant au symbole, il apparaît
aussi dans plusieurs rituels, où il semble bien dériver de
la *desponsatio* germanique. A cette époque, en effet,
celle-ci a perdu l'un de ses caractères anciens : ce n'est
plus au père ou au *mundoaldus* que sont remises les
pièces symboliques, c'est à l'épouse. Dès lors, le sens
primitif de cette tradition devait forcément changer. Données au père ou au *mundoaldus*, les pièces de monnaie
pouvaient être regardées comme un prix d'achat ou des
arrhes. Données à la future épouse au moment des fian-

---

(1) Dom Martène, *op. cit.*, col. 355 (missel de *Rennes*, xi° siècle) ; —
col. 356 (pontifical de Lyre, au dioc. d'*Évreux*, xii° siècle) ; — col. 360
(ms. de saint-Victor de *Paris*, xiii° siècle).

(2) *Ibid.*, col. 373 (pontifical d'*Amiens*).

(3) Dom Martène, *op. cit.*, col. 360 (*Paris*, xiii° siècle) : « ... et de ista dote
te doto » ; — col. 367 (*Rouen*, xiv° siècle) : « ... et de cest argent te doue » ; —
col. 373 (*Amiens*) ; — col. 375 (*Paris*, xv° siècle) : « ... et te doue dou
douaire, qui est divisiez entre mes amis et les tiens » ; — col. 377 (*Châlons*) :
« ... et de mes biens te done » ; — col. 381 (*Limoges*, 2° forme) : « ... et du
douaire qui est divisés entre mes amis et les tiens, je te doue » ; — col. 846
(*Reims*, 1585) : « ... et de mes biens je vous doue ». — *Adde* Beaumanoir, XIII, n° 415 (éd. Salmon) : « Et bien apert que la coustume estoit tel
anciennement par une parole que li prestres fet dire à l'homme quant il
espouse (la fame), car il li dit : « Du douaire qui est devisés entre mes amis
et les tiens te deu ». — Formule analogue dans les vieux rituels de *Salisbury* et d'*York* en Angleterre (Friedberg, *op. cit.*, p. 36).

cailles, comme c'était l'usage dans les campagnes du Mecklembourg (1) et de la Bresse (2), elles ne pouvaient être que des arrhes, assurant la perfection du contrat : c'est bien ainsi qu'on les considérait dans le Mecklembourg et à Cologne à la fin du xvi° siècle (3). Mais données à l'épouse au moment de la bénédiction nuptiale, elles ne pouvaient plus être des arrhes, comme le dit encore par habitude le paroissial de Cologne de 1592 (4), mais seulement l'objet symbolique servant à constituer le douaire. Elles devinrent, selon l'expression d'anciens rituels, le *signum constitutae dotis*, c'est-à-dire le signe du douaire dans les pays coutumiers, le signe de l'augment de dot dans les pays de droit écrit (5).

Le rituel de Bourges de 1746 indique clairement cette fonction des pièces de mariage. Après avoir dit que le

(1) Les paysans mecklembourgeois se servaient pour cela d'une pièce de monnaie rompue par la moitié avec les dents; cfr. Schroeder, *Dissert. inaug. exhibens jus matrimoniale Mecklenburgicum*, 1714, p. 50 : « Ad anté-nuptiales singulares nostrae patriae (solennitates) referimus, quod arrhae sponsalitiae inter rusticos solent esse *ein halber* i. e. *ein mitten durchgebissener Schilling.* Probant hunc characterem perfectorum sponsaliorum acta et responsa antiqua » (dans Sohm, *Das Recht der Eheschliessung*, op. cit., p. 57-58, en note).

(2) Monnier, *Mœurs et usages singuliers du peuple dans le Jura* : « Vers la fin du repas (le soir de la demande en mariage), le galant, placé à côté de sa belle, lui présente sur une assiette ou lui dépose dans son verre un rouleau de pièces d'or ou d'argent, selon ses facultés pécuniaires. Si elle accepte le présent, elle est fiancée. Timide, embarrassée, elle met les *arrhes* dans sa poche, et c'est là toute sa réponse. Dès lors, il ne lui est plus permis de revenir d'un pareil engagement, sous peine de rendre le double de la somme projetée » (cité par Laumier, op. cit., p. 35-36).

(3) Cfr. Schrœder, *ibid.* ; — et *Paroissial de Cologne*, de 1592 : « ... tres nummuli argentei, loco *arrhae* sponsae dandae » (Friedberg, op. cit., p. 94). — C'est sans doute pour cela que Sohm, *ibid.*, p. 101-105, considère qu'il s'est produit pour la pièce de mariage la même évolution que pour l'anneau nuptial : « ... und ist aus dem Verlobungspfennig ein Traupfennig, aus dem Verlobungsring ein Trauring geworden ».

(4) *Paroissial de Cologne*, loc. cit.

(5) Cfr. Mgr Duchesne, *Origines du culte chrétien*, op. cit., p. 415; — Léon Gautier, *ibid.*, p. 428, — le *Manuel des cérémonies de Paris de 1497* (dans A. du Saussay, op. cit., p. 208-209) : « ... una cum aliquo nummo vel pluribus in signum constitutae dotis » ; — et la note suivante.

curé bénira « l'anneau et les pièces de monnoie qui lui sont présentés sur un bassin », il donne pour les pièces de monnaie la formule de bénédiction suivante : « Seigneur, sanctifie aussi ces pièces offertes en signe de la constitution du douaire, etc. » (1). Ensuite, après les avoir aspergées d'eau bénite en forme de croix, le curé devait avertir le mari de prendre les pièces de monnaie et de les mettre dans la main droite de l'épouse, avec l'anneau, en disant : « Mon épouse, je vous donne ces pièces de monnaie et cet anneau en signe du mariage que nous contractons » (2). La formule récitée par l'époux est un peu équivoque : elle ne distingue pas les rôles de l'anneau et des pièces de mariage, et n'a pas la netteté de la formule de bénédiction. Mais celle-ci ne laisse place à aucun doute : les *nummi* bénits sont offerts « en signe de la constitution du douaire » (3). L'ancien symbole de la *desponsatio* franke était ainsi devenu le symbole de la *dotatio* catholique.

20. — L'Église n'attachait évidemment aucune importance au nombre et à la nature des pièces de monnaie que le prêtre était appelé à bénir en même temps que l'anneau nuptial. Selon les usages, on pouvait n'en donner qu'une ou en donner plusieurs (4). On pouvait prendre des pièces de monnaie quelconques ou des deniers spéciaux, dits « deniers pour espouser », dont quelques exemplaires ont été retrouvés : dom Martène en décrit un qu'il a vu à Tours chez Claude-Nicolas Le Chevalier; à l'avers, on lit : POVR ESPOVSER; au revers : DENIER TOVR-

---

(1) *Rituel de Bourges de 1746*, op. cit., p. 417 : « Oblatos etiam, Domine, in *signum constitutae dotis* nummos sanctifica; et ut bene sponsa doletur, coelestibus eam instrue disciplinis; per Christum ».

(2) *Ibid.*, p. 417-418; cfr. le texte *suprà* n° 16, en note.

(3) Cfr. dans le même sens : Beuvelet, *op. cit.*, p. 317; — Le Tourneux, *op. cit.*, p. 305.

(4) Cfr. A. du Saussay, *ibid. :* « uno nummo vel pluribus »; — et Dom Martène, *op. cit.*, col. 380 (rituel de *Limoges*) : « Posteà sacerdos habeat tredecim vel duodecim denarios turonenses, vel unam petiam monetae, ut consuetum est ».

NOIS (1). En 1873, M. Hucher a signalé à la Société des antiquaires de France une pièce de mariage encore plus curieuse, remontant à la seconde moitié du XIVe siècle, et conservée au Musée de Rouen : à l'avers, grande rose à deux rangs de cinq pétales, dans un grènetis; légende : *Celui qui d'amer vous prie;* en bordure, une couronne de roses; au revers, croix florencée, cantonnée de quatre fleurs de lys couronnées; légende (terminant la précédente) : *Retraire ne se peut mie.* Une grande pièce en or, allemande, du XVIe siècle, publiée dans le *Trésor de numismatique et de glyptique*, porte également dans une couronne de roses, ces mots : *Uxor casta est rosa suavis*, qui semblent présenter la rose comme emblème de la chasteté (2). En 1592, Ulrich, duc de Mecklembourg, fit graver pour ses sujets un *nummus sponsalitius* spécial : « Il avait, dit Schrœder en 1744, la grandeur d'un gros moderne et était d'argent très pur. D'un côté, Il portait le blason mecklembourgeois avec les lettres V. H. Z. M., de l'autre la lettre S avec le n° 1, ce qui signifiait *1 Stempel*, c'est-à-dire trois *Sechslinge*, avec la date 1592. En exergue se lisaient ces mots : *Der Seegen des Herrn macht reich, und Er giebt es wem Er wil »* (3). En 1620, une monnaie analogue fut frappée à Strasbourg avec cette légende :

Wües Gott gefücst es mich benügt
Gottes Segen erfrewet alle hertzen (4).

(1) *Ibid.*, col. 346, avec un dessin.

(2) *Bulletin de la Soc. des antiq. de France*, t. XXXIV, p. 181-182.

(3) Schrœder, *loc. cit.* : « Serenissimus dux Ulricus gl. m. cudi curabat specialem nummum sponsalitium, *einen Halbe-Schilling.* Habet ille magnitudinem moderni boni grossi et est ex purissimo argento. Refert ille ab una parte insigne primarium Meckl. cum litteris : V. H. Z. M., ab altera litteram S. cum numero 1, quod significat 1 Stempel, i. e. drey Sechslinge, addito anno 1592. In circulo utriusque lateris leguntur verba : *Der Seegen des Herrn macht reich, und Er giebt es wem Er wil.* Oritur ex hac moneta pro arrha sponsalitia danda proverbium nostratium : *Dre Sössling iss de olde Koop ».*

(4) Signalée par M. Brunet de Presle, à la *Soc. des antiquaires de France, Bulletin*, t. XXXV, p. 41.

Ce qu'il y a de plus curieux à constater dans cet ordre d'idées, c'est la persistance, dans certains pays où les Franks s'étaient établis, de l'usage consistant à donner 13 deniers ; c'était le cas notamment à Limoges, Amiens, Troyes, Reims. A *Limoges*, les 13 deniers étaient placés, au moment de la jonction des mains, avec l'anneau nuptial et un collier, dans la main droite de l'épouse (1). A *Amiens*, les 13 deniers étaient placés sur un livre avec l'anneau ; le prêtre pouvait en distribuer dix comme il l'entendait, mais il devait en réserver au moins trois pour être remis à l'époux, qui les gardait dans sa main, pendant qu'il tenait l'anneau et récitait la formule consacrée ; il les donnait ensuite à l'épouse (2). A *Troyes*, au xvᵉ siècle, l'usage était aussi de mettre les 13 deniers sur un livre, ainsi qu'il résulte de cet intéressant passage de Juvénal des Ursins : « Le 2 juin 1420, dit-il, le roi d'Angleterre, Henri V, épousa madame Catherine, et voulut que la solennité se fît entièrement selon la coutume de France. Ils allèrent en la paroisse, c'est à savoir à Saint-Jean de Troyes, où les épousa maître Henri de Savoisy, soi-disant archevêque de Sens, et au lieu de treize deniers, le roi mit sur le livre treize nobles » (3). A *Reims*, le prêtre qui devait bénir l'anneau réclamait 13 deniers, en gardait dix pour lui, comme à Amiens, et remettait les trois autres au mari, qui les plaçait à son tour dans la main droite ou dans la bourse de sa femme, en prononçant ces mots : « Et de mes biens je vous doue » (4). En 1770, lorsque le

<hr>

(1) Dom Martène, *op. cit.*, col. 380 (*Limoges*, 2ᵉ forme) : « ... et accipiat manum dextram sponsi et ponat in dextram sponsae, cum anulo, monili, et *tredecim* denariis, dicendo haec verba... ».

(2) *Ibid.*, col. 373 (*Amiens*) : « Sequitur benedictio anuli, et debet poni super librum cum *tredecim* denariis, etc. ».

(3) Juv. des Ursins, *Hist. de Charles VI*, cité par A. Blanchet, *Médailles et jetons du sacre des rois de France*, dans ses *Études de numismatique*, Paris, in-8ᵒ, t. 1 (1892), p. 193.

(4) Dom Martène, *ibid.*, col. 316 (*Reims*, 1585) : « Praescribitur ut

dauphin Louis épousa à Reims Marie-Antoinette, « on le vit prendre 13 pièces d'or des mains de l'archevêque de Reims pour les remettre à la mariée avec un anneau » (1). — A *Cologne*, au xive siècle, le mari donnait 12 deniers tournois à sa femme; en 1592, il donnait trois pièces d'argent, qui étaient placées, autant que possible, dans des gants rouges, et laissées avec lesdits gants dans la main droite de l'épouse, après la *junctio manuum* (2).

21. — Aujourd'hui, la « pièce de mariage » est encore d'un usage assez général, bien que le rituel romain, en vigueur en France, n'en parle pas et ne contienne aucune bénédiction spéciale à son sujet. Mais les suppléments à ce rituel que les évêques de France ont publiés pour leurs diocèses respectifs comblent cette lacune. A Bourges, la formule de bénédiction est restée la même qu'en 1746, c'est-à-dire que les pièces de monnaie sont toujours bénites *in signum constitutæ dotis* (ce qui n'a plus grand sens depuis la disparition du douaire); le mari les remet à la femme avec la même formule équivoque (3). A Paris,

sacerdos annulum benedicturus *tredecim* postulet denarios ..... Tunc accipiat sponsus annulum et tres denarios (aliis decem reservatis pro sacerdote)..... Et ponens tres denarios in manu dextra vel' bursae sponsae, subjiciat : Et de mes biens je vous doue ».

(1) De Goncourt, *Histoire de Marie-Antoinette*, Paris, 1878, in-12, p. 23. — Cfr. F. Nicolay, *op. cit.*, p. 272.

(2) *Formule* de Cologne (xiv^e s.), dans Friedberg, *op. cit.*, p. 29, et dans Sohm, *op. cit.*, p. 321 : « Dan sall der gene, der sy zo hoeff gaiſſ, dat syden Doich mit XII Turnessche in dat Doich gebonden nemen, ind sall sagen : Ich bevelen uch zô houff up Freutzer Erden myt Goulde ind Gesteynen, Silver ind Gould, beyde nâ Francken Wyse ind Sassen ee, etc. »; — *Paroissial* de 1592, *loc. cit.* : « ... simul rubeas (si haberi possint) chirothecas, quibus insint tres nummuli argentei, loco arrhae sponsae dandae..... et (sponso) chirothecas rubeas, cui insint loco arrhae nummuli tres, imponat..... Tunc utriusque dexteram dissolvat sacerdos, relictis chirothecis in dextera sponsae ».

(3) *Supplément* au rituel romain, 1851, *op. cit.*, p. 11 : « Le prêtre, en bénissant l'anneau, bénit en même temps la pièce ou les pièces de monnaie, et, après l'oraison *Benedic*, il ajoute : *Oremus, oblatum* (ou *oblatos etiam, Domine, in signum constitutae dotis nummum* (ou *nummos*)

l'époux s'exprime plus clairement : « Recevez, dit-il, ce signe des conventions matrimoniales faites entre vos parents et les miens » (1).

Généralement il n'y a qu'une seule pièce; mais dans certaines régions a persisté le vieil usage du *treizain*. D'après M. Viollet, on le trouve encore à *Dijon* et à *Bordeaux* (2). — A *Reims*, il a conservé son organisation ancienne (3). — Il survit également en *Berry*, où il était en pleine vigueur au milieu du XIXe siècle (4), mais d'où il disparaît peu à peu. Dans la campagne cependant, les fiancés apportent encore de temps à autre le treizain, les uns en pièces d'argent, les plus riches en pièces d'or. — Dans les *Ardennes*, notamment dans le canton de Vouziers, les 13 pièces de monnaie sont rangées en cercle sur un plat d'étain, avec l'anneau au milieu. De ces 13 pièces, le curé en prend trois qu'il remet à l'époux en lui disant de les placer dans la main droite de sa femme. Beaucoup de femmes gardent toute leur vie leurs trois pièces de mariage; plusieurs même les emportent avec elles dans la tombe (5). — A *Bar-le-Duc*, le treizain subsiste, mais déformé : il comprend généralement douze sous neufs et une pièce d'argent, et l'on prétend

sanctifica; et ut bene sponsa dotetur, coelestibus eam instrue disciplinis, per Christum Dominum nostrum. En les donnant, l'époux dira : Mon épouse, je vous donne cet anneau et cette pièce (ou ces pièces) de monnaie, en signe du mariage que nous contractons. L'épouse répond : Je les reçois ».

(1) *Rituel de Paris.* — Le même usage existe encore dans les paroisses catholiques d'Irlande (cfr. Friedberg, *op. cit.*, p. 45).

(2) Cfr. P. Viollet, *op. cit.*, p. 458.

(3) Cfr. *Mém. de la Soc. des lettres de Bar-le-Duc*, 1908, 1re partie, p. xv.

(4) George Sand, *La mare au diable* (roman écrit en 1851), appendice : *Les noces de campagne*, § III. *in fine* : « Germain mit, selon l'usage, le treizain, c'est-à-dire 13 pièces d'argent, dans la main de sa fiancée. Il lui passa au doigt une bague d'argent d'une forme invariable depuis des siècles, mais que l'alliance d'or a remplacée désormais »; — A. Blanchet, *ibid.*, p. 193.

(5) Cfr. *Mém. de la Soc. de Bar-le-Duc*, année 1908, 1re part., p. xci. Le treizain dans les Ardennes est formé ordinairement de pièces de billon, rarement de pièces d'argent.

qu'il représente Jésus-Christ et les douze apôtres (1); c'est pour cela qu'il doit y avoir une pièce plus belle que les autres. Ce treizain est d'ailleurs destiné à être distribué aux pauvres, soit par les époux, soit par le curé, comme jadis à Évreux (2). Il est bien évident qu'aujourd'hui, à Bar-le-Duc surtout, les jeunes mariés qui apportent le treizain ne se doutent plus qu'ils se conforment en réalité à un ancien usage emprunté aux Franks (3).

§ VI. — Le poile ou voile.

22. — Le rite du poile que nous avons à étudier maintenant n'est pas à proprement parler un rite du mariage; c'est un rite de la bénédiction nuptiale donnée aux nouveaux mariés à la fin de la messe qu'il est d'usage de célébrer aussitôt après le mariage. Il consiste en ceci qu'au moment où le prêtre se retourne, après le *Pater*, pour donner cette bénédiction dont la formule est assez longue, deux des assistants (les deux pères, ou les deux mères, ou deux des témoins, selon les cas) étendent au-dessus des nouveaux mariés agenouillés un voile blanc, qu'on appelait autrefois *velamen*, *flammeum nuptiale*, *pallium*, *paile*, *poile*, ou *drap* (4).

Ce rite est aujourd'hui assez peu répandu, parce que le rituel romain ne l'a pas conservé; mais, dans les premiers siècles de l'Église, il paraît avoir été général. Saint Ambroise, au IV° siècle, le mentionne en termes formels dans une lettre à l'évêque Vigile, où il dit que

(1) *Mém. de Bar-le-Duc*, année 1907, 2° part., p. cxxiv.

(2) C'était déjà l'explication donnée par le *Manuel d'Arras* au xvii° siècle (cfr. Beuvelet, *ibid.*, p. 318).

(3) Chose curieuse, ce même usage s'introduisit dans la cérémonie du sacre des rois de France : ainsi Louis XIII, en allant à l'offrande, donna 13 pièces d'or valant chacune 13 écus. — Cfr. sur ce point l'intéressant article de M. A. Blanchet, *loc. cit.*

(4) Il ne faut pas confondre, comme le font Gratien, II, cause XXX, qu. 6, c. 7, et Beuvelet, *ibid.*, p. 339, ce voile liturgique avec le voile que portaient et que portent encore les jeunes mariées.

les mariages chrétiens « sont sanctifiés par le voile sacerdotal et par la bénédiction » (1). La *velatio* des époux
était alors le principal rite de la bénédiction; car en 385,
le pape Sirice, dans une lettre à Himérius, évêque de
Tarragone, l'appelle la *velatio conjugalis;* le vieux sacramentaire léonien dit de même : *velatio nuptialis* (2).
En 866, le pape Nicolas Ier, dans sa réponse aux Bulgares,
explique que les fiancés, lorsque le jour du mariage est
arrivé, reçoivent « la bénédiction et le *voile* céleste »; il
ajoute ce détail intéressant que celui ou celle qui convole
en secondes noces ne doit pas recevoir le voile (3) : c'est
en effet une règle traditionnelle de l'Église de ne pas
donner la bénédiction nuptiale aux veuves et même
aux veufs (4). Les anciens sacramentaires, comme le
sacramentaire de Bobbio, les sacramentaires léonien et
gélasien, attestent aussi l'existence du rite, et donnent

(1) Saint Ambroise, *Epist.*, XIX, 7 : « Nam cum ipsum conjugium *velamine sacerdotali et benedictione* sanctificari oporteat, quomodò potest conjugium dici, ubi non est fidei concordia? » (dans Migne, P. L., t. XVI,
col. 984-5). — Cfr. *Lettre du pape Sirice* à l'Église de Milan : « Nos
sane nuptiarum vota non aspernanter accipimus, quibus *velamine* inter-
sumus... » (Dom Martène, *op. cit.*, col. 318).

(2) Cfr. Mgr Duchesne, *op. cit.*, p. 417; — et Gratien, *Decretum*, II,
cause 27, qu. 2, c. 50.

(3) Nicolas Ier, *Resp. ad. Bulg.*, loc. cit. : « Ambo ad nuptialia federa
perducuntur, et primùm in ecclesia Domini, cum oblationibus quas offerre
debent Deo per sacerdotis manum, statuuntur, sicque demum benedictionem
et *velamen celeste* suscipiunt... Verùmtamen *velamen* illud non suscipit
qui ad secundas nuptias migrat ».

(4) *Decretal. Greg. noni*, IV, 21, ch. 3 (Urbain III) : « Vir autem vel
mulier ad bigamiam transiens, non debet a presbytero benedici, quia, quum
alia vice benedicti sint, eorum benedictio iterari non debet »; — Dom
Martène, *op. cit.*, col 368 (*Rouen*, XIVe siècle) : « Et extendatur super eos
pallium, si non fuerint aliàs conjugati seu alter eorum fuerit conjugatus;
quia eo casu non fieret »; — col. 381 (*Limoges*, 2e forme); — col. 386
(*Liège*); ce dernier rituel dit qu'on ne doit pas bénir les secondes noces,
parce que le mariage représente l'union de Jésus-Christ avec son Église,
et que cette union n'a eu lieu qu'une fois. — Cfr. Chardon, *Hist. des sacrements* (1845), nouv. éd. dans Migne, *Cours de théologie*, t. XX (1841),
gr. in-8°, col. 1016; — Léon Gautier, *op. cit.*, p. 430; — et Esmein, *Le
mariage*, *op. cit.*, t. II, p. 101-102.

même des formules de bénédiction à prononcer *super nubentes*, formules dans lesquelles le prêtre recommande à l'épouse de rester *uni thoro juncta* et lui souhaite la fécondité (1).

Au xi⁰ siècle, Guillaume de Jumièges fait allusion au *pallium* (nom nouveau du *velamen*) dont les époux sont « couverts » au moment du mariage (2), et le Missel de Rennes commence à préciser la liturgie du rite : c'est après le *Pater* et avant la *Pax Domini* que les époux sont placés « sous le *pallium* ou sous toute autre couverture selon l'usage », et alors bénis par le prêtre (3). Au xii⁰ siècle, le pontifical d'Évreux (4) indique que les époux doivent se prosterner après le *Sanctus*, la femme étant à la droite de l'homme, et que dès ce moment le *pallium* est étendu au-dessus d'eux par quatre hommes qui en tiennent les quatre coins ; mais ce n'est qu'avant de dire *Pax Domini* que le prêtre se retourne et prononce sur les époux une longue bénédiction, analogue à celle du rituel romain actuel, et où se retrouvent la même recommandation et le même souhait que dans le sacramentaire gélasien. D'après Jean Petit de Salisbury, évêque de Chartres († 1180), on pouvait prendre pour voile « le *pallium* de l'autel ou un autre *pallium* à ce destiné par l'Église » (5). Le voile pouvait être blanc ou

<hr>

(1) Cfr. Mgr Duchesne, *op. cit.*, p. 415-416 : « Fidelis et casta nubat in Christo, imitatrixque sanctorum permaneat feminarum,..... Muniat infirmitatem suam robore disciplinae ; uni thoro juncta contactus vitet illicitos ; sit verecundia gravis, pudore venerabilis... Sit fecunda in sobole, sit probata et innocens, et ad beatorum requiem atque ad coelestia regna perveniat ».

(2) Guillelmus Gemeticensis, *Hist. des Normands*, VIII, ch. xxxvi : « ... *pallio* cooperti... » (cité par Du Cange, v⁰ *Pallium*, t. VI, p. 114, col. 3).

(3) Dom Martène, *op. cit.*, col. 355 (missel de *Rennes*, xi⁰ siècle) : « Et antequam *Pax Domini* dicatur, ante altare sub *pallio* vel alio quolibet opertorio, sicuti mos est, eos benedicat ».

(4) *Ibid.*, col. 358 (pontif. du monastère de Lyre, au dioc. d'*Évreux*, xii⁰ siècle) : « Post *Sanctus* prosternant se in orationem, extento *pallio* super eos, quod teneant quatuor homines ad quatuor cornua, et antequam dicatur *Pax Domini*, faciat presbyter hanc orationem super illos, etc. ».

(5) Jean de Salisbury, *Polycraticus*, VIII, ch. xi : « Inolevit etiam

de couleur : c'est sous un *poile de color* que Turpin, dans la *Prise de Cordres*, bénit le mariage d'Agaie et de Guibert (1). D'après dom Martène, ces poiles de couleur étaient pourpres (2). Au xiiⁱ siècle, Robert Grossetête, évêque de Lincoln, pour l'Angleterre, le grand jurisconsulte Beaumanoir, pour la France, attestent la persistance du poile nuptial, qui jouait alors, dans la légitimation des enfants nés avant le mariage, un rôle sur lequel nous reviendrons (3).

A partir du xivᵉ siècle, presque tous les rituels donnent sur le rite du *pallium* des détails assez complets. Il semble qu'alors il y ait eu deux manières de procéder, l'une plus particulière aux Églises du Midi, l'autre aux Églises du Nord. C'est ainsi qu'à *Arles*, avant que le prêtre dise *Pax Domini*, les époux s'approchent du chancel, la fille étant à gauche de l'homme; le prêtre alors « les voile, à savoir l'homme sur les épaules et la fille sur la tête; puis il place le *jugalis* sur le haut de leurs bras, en disant : Au nom du Père, etc. » (4). Le *jugalis*,

consuetudo, ut quos in commercium carnis Ecclesiae jungit auctoritas, *pallio* velantur altaris aut alio ab Ecclesia constituto... » (cité par Du Cange, *loo. cit.*).

(1) *Prise de Cordres*, B. Nat., fr. 1448, fᵒ 121, cité par Léon Gautier, *op. cit.*, p. 429. — Dans une autre chanson de gestes, *Doon de Maïence*, vers 11322 et s., citée *ibid.*, le poile est appelé *couvertour* :

Quant sous le couvertour l'orent encourtinée,
Et li roi la roïne a par la main combrée;
Dessous le couvertour l'a lès li aclinée, etc.

(2) Dom Martène, *op. cit.*, col. 348 : « ... velum *purpureum* in signum pudoris super sponsum et sponsam expandebatur ».

(3) Robert Grossetête († 1253), *Lettre à W. Raleigh* : « ... sub *pallio* super parentes eorum extento... » (cité par Du Cange, *ibid.*); — Beaumanoir, *op. cit.*, nᵒ 579 (éd. Salmon) : « ... dessous le *paile* de Sainte Eglise... »; nᵒ 600 : « ...dessous le *drap*, liqueus drap est acoustumés a metre sur ceus qui se marient solemnement en Sainte Eglise... ». — Cfr. Guillaume Durant, *Rationale divin. officiorum*, Mayence, 1453, in-4ᵒ, I, 9, nᵒ 9.

(4) Dom Martène, *op. cit.*, col. 364 (pontif. d'*Arles*, xivᵉ siècle) : « Tunc velet eos sacerdos ita, virum super scapulos, puellam super caput, et ponat jugalem super humeros eorum, dicendo : In nomine Patris, etc. ».

dont il est ici question, devait être une sorte de cordon
ou de bande d'étoffe, rappelant la courroie d'attelage des
animaux (*jugum*, d'où est venu *conjugal*) (1). Dans un
manuscrit du Vatican, du xiv⁰ siècle, un dessin représente
des époux qui reçoivent la bénédiction nuptiale et sur
lesquels le poile est disposé à peu près comme l'indique
le rituel d'Arles, c'est-à-dire autour des épaules (2). Dans
les Églises du Nord au contraire, le poile était disposé
comme il l'était déjà au xii⁰ siècle à Rennes et à Évreux.
Partout, à Auxerre, à Rouen, à Paris, à Lyon, à Bourges,
avant la *Pax Domini*, les époux se prosternent devant
l'autel ; ils sont alors « couverts » du poile, qui est tendu
« au-dessus d'eux » par deux personnes. Après la bénédiction, le poile est retiré, les époux se relèvent, et le
prêtre continue la messe (3). Ainsi réglé, l'usage du poile
nuptial était encore en pleine vigueur en France au
xviii⁰ siècle (4). Il subsiste toujours dans certains diocèses,
notamment dans ceux de Bourges et de Nancy ; mais
l'adoption du rituel romain, qui n'en parle pas, l'a fait
disparaître dans la plupart.

23. — S'il est facile de constater l'usage du poile ou

(1) *Contrd* : Léon Gautier, *op. cit.*, p. 429, qui identifie le *jugalis* et le
voile ; mais avec cette identification, le texte précité ne se comprend plus.

(2) Ce dessin est reproduit dans Léon Gautier, *ibid.*, p. 430.

(3) Dom Martène, *op. cit.*, col. 366 (*Auxerre*, xiv⁰ siècle) : « Antequam
dicatur *Pax Domini*, sponsus et sponsa, prostrati ante altare, pallio coope-
riantur » ; — col. 368 (*Rouen*, xiv⁰ siècle) : « Antequam faciat fractionem,
prosternantur uterque ante altare, et extendatur super eos pallium...
Deinde amoveatur pallium, et sacerdos faciat fractionem, dicens, etc. » ; —
col. 371 (*Lyon*, xv⁰ siècle) et 375 (*Paris*, xv⁰ siècle), comme à Auxerre ; —
Rituel de Bourges de 1746, *op. cit.*, p. 419 : « Le prêtre, ayant dit le
Pater noster et avant de dire *Libera nos quaesumus*, fait une génuflexion,
se retire du côté de l'Évangile, et, se tournant vers les nouveaux mariés
qui sont à genoux et couverts d'un *voile blanc* tenu par deux personnes, il
dit sur eux les oraisons suivantes... ».

(4) Cfr. Eusèbe de Laurière, *Note* sur Ant. Loisel, *Instit. coutum.*, 1, 1,
n⁰ 40, édit. de 1710 et 1758 : « Le *poile* qui se mettoit et qui se met sur
les nouveaux mariés... » ; — *Rituel de Bourges de 1746*, *suprà cit.* ; —
Pothier (✝ 1772), *Traité du contrat de mariage*, dans ses *Œuvres*, édit.
Bugnet, Paris, 1861, in-8⁰, t. VI, p. 192-193.

voile des mariés au cours des siècles, il n'est pas aussi
facile d'en retrouver l'origine et la signification. Eusèbe
de Laurière y voyait la représentation du lit conjugal :
« C'est par cette raison, dit-il, que le prêtre souhaite aux
mariés, sous ce voile, la fécondité, et qu'il prie Dieu de
verser ses bénédictions sur eux et sur leurs enfants » (1).
Cette hypothèse serait assez plausible, si le rite du poile
avait succédé à un autre rite, dont il sera question plus
loin : la *benedictio thalami*, c'est-à-dire précisément la
bénédiction de ce lit conjugal que le poile est censé repré-
senter. Or il n'en est rien. Dans la plupart des rituels, les
deux rites sont mentionnés l'un après l'autre (2); certains
même, qui ne parlent pas du poile, mentionnent avec
détail la bénédiction du lit (3). C'est seulement dans les
rituels tout récents que l'inverse se produit (4). Il est
impossible, cela étant, de se ranger à l'avis de Laurière,
séduisant cependant à certains égards. — Pour M. l'abbé
Lesêtre, le rite du poile se rattacherait au rite hébraïque
de la *hûppdh*, sorte de dais ou de baldaquin préparé dans
la chambre nuptiale et sous lequel les époux juifs étaient
placés (5). Mais la *hûppdh* est bien plutôt, nous le ver-
rons, une origine de la *benedictio thalami* que de la
velatio conjugalis (6). Il faut donc chercher ailleurs.

(1) E. de Laurière, *loc. cit.* : « Le *poile*, qui se mettoit et qui se met sur
les nouveaux mariés, représente le lit conjugal ».

(2) Cfr. Dom Martène, *op. cit.*, col. 358 et 359 (*Évreux*, xiiie siècle); —
col. 364 et 365 (*Arles*, xive siècle); — col. 366 (*Auxerre*, xive siècle); —
col. 368 et 369 (*Rouen*, xive siècle); — col. 371 (*Lyon*, xve siècle);
— col. 375 et 376 (*Paris*, xve siècle).

(3) Cfr. Dom Martène, *op. cit.*, col. 363 (*Paris*, xiiie siècle); — col. 374
(*Amiens*); — col. 378 (*Châlons*); — 381 (*Limoges*), — 390 (*Milan*).

(4) Par exemple, dans le *Rituel de Bourges de 1746*.

(5) Abbé Lesêtre, vo *Noces*, dans le *Dict. de la Bible*, *op. cit.*, fasc. 28
(1906), col. 1660 : « Plusieurs de ces usages se sont longtemps conservés
dans la célébration des mariages chrétiens, spécialement... la bénédiction
des époux pendant qu'on étend un voile au-dessus de leurs têtes ».

(6) Chez les Juifs portugals, quand les époux étaient sous la *hûppdh*, le
rabbin les couvrait l'un et l'autre du même *taled*, et Laumier, *ibid.*, p. 107,
y voit « le prototype du poile dont se servent quelques catholiques

Or, si l'on remarque que le rite du poile n'existe pas dans l'Église grecque, mais seulement dans l'Église d'Occident, on est conduit à penser qu'il doit se rattacher à quelque usage romain. On songe involontairement au fameux voile rouge des fiancées romaines, le *flammeum nuptiale*, qui resta leur parure jusqu'au ve siècle. De ce voile, très long et qui se portait comme la *palla*, la jeune mariée, à un moment donné, se couvrait la tête, en latin *nubebat*, ce qui explique que *nubere* a fini par signifier se marier, et *nuptiae* par désigner le mariage (1). Ce geste est-il l'origine de la *velatio* des époux? La façon dont le rite était pratiqué à Arles, où la femme devait avoir la tête couverte par le poile, et l'homme les épaules seulement, le donnerait à penser. De même la couleur pourpre du poile employé dans certaines églises.

Mais ces indices sont faibles, et peut-être est-il plus prudent de dire simplement, avec Dom Martène et Muratori, que le poile était étendu sur les époux *in signum pudoris* (2). Il faut se rappeler en effet que dans la longue bénédiction que le prêtre prononce sur les époux « voilés », figurent toujours, en termes très clairs, une invitation à l'épouse de garder la fidélité conjugale,

romains ». Mais ce rite a dû être emprunté par les Juifs portugais précisément aux catholiques.

(1) Festus, *Epit.*, p. 184 : « Obnubit caput, operit, unde et *nuptiae* dictae a capitis opertione ». — Pour plus de détails, cfr. Marquardt, *op. cit.*, p. 54, texte et note 3; p. 56, texte et note 2. Sous son voile, la jeune Romaine portait une couronne de fleurs et d'herbes qu'elle avait cueillies elle-même; Festus, *Epit.*, p. 63 : « Corollam nova nupta de floribus verbenis herbisque à se lectis sub amiculo ferebat ». La fiancée juive portait de même une couronne de myrte. Là, sans doute, se trouve l'origine de la couronne de fleurs d'oranger actuelle.

(2) Dom Martène, *op. cit.*, col. 348 : « Velum purpureum in signum pudoris super sponsum et sponsam expandebatur »; — Muratori, *Antiq. italicae medii aevi*, Milan, 1739, in-fo, t. II, col. 110 : « Velum quoddam sacratum super eosdem extendebatur in signum pudoris et conjugalis pudicitiae servandae ». — Au xviie siècle, Beuvelet, *ibid.*, p. 359-362, donne du rite des explications embarrassees, mais qui tournent autour de la même idée.

« en fuyant les contacts illicites », et un souhait de fécondité (1) : à l'époque où les jeunes mariées comprenaient le latin, le poile n'était pas de trop pour les empêcher de rougir. Pour les veuves, il est vrai, le poile était supprimé, ainsi, dit Beuvelet, que pour « celles qu'on sçait s'estre abandonnées à d'autres qu'à celuy qu'elles espousent » (2); mais précisément, dans l'espèce, l'inconvénient était moindre.

24. — Le rite du poile pouvait produire au Moyen âge un effet juridique important, qui explique pourquoi les jurisconsultes en ont souvent parlé. Il offrait un moyen facile de légitimer les enfants nés avant le mariage. Il suffisait pour cela de les placer *sous le poile* entre leur père et leur mère. Au xi⁰ siècle, Guillaume de Jumièges nous en donne le premier un exemple : « Le comte Richard, dit-il, épousa la comtesse Gunnor à la manière chrétienne, et les fils qu'ils avaient eus avant leur mariage furent placés sous le *pallium* » (3). Ils furent ainsi « faits loial », ajoute Philippe Mouskes, qui, au xiii⁰ siècle, raconte le même fait (4). A la même date, Robert Grosse-tête, évêque de Lincoln, écrivait à W. Raleigh, « qu'il avait appris des anciens que c'était une vieille coutume du royaume de mettre les enfants sous le poile pour les légitimer »; et Raleigh, en lui répondant, invoquait le

(1) « Uni thoro juncta, contactus illicitos fugiat... Sit fecunda in sobole... », ces formules ou des formules analogues se retrouvent dans tous les rituels, depuis le sacramentaire léonien et gélasien jusqu'au rituel romain actuel. Cfr. Mgr Duchesne, *loc. cit.;* Dom Martène, *op. cit.,* col. 358 (Évreux, xiii⁰ siècle), etc.; *Rituel de Bourges de 1746,* p. 419; *Rituel romain* moderne. — Cfr. aussi Jean de Salisbury, *loc. cit.,* qui, au xii⁰ siècle, expliquait le rite du *pallium* ainsi : « ut thorus, qui Christo conciliante construitur, sic in fide castitatis fragilitatis suae maculas protegat, ut totius sit probri aut confusionis ignarus ».

(2) Beuvelet, *op. cit.,* p. 363.

(3) Guillelmus Gemeticensis, *loc. cit.* : « Hâc itaque de causâ, comes Richardus Gunnorem comitissimam more christiano sibi copulavit, filiique qui jam ex eâ nati erant, interim dum sponsalia agerentur, cum patre et matre pallio cooperti sunt ».

(4) Philippe Mouskes (cité par Du Cange, *ibid.*) s'inspire évidemment de

témoignage de Richard de Luce, justicier d'Angleterre sous Henri II (1).

En France, Beaumanoir atteste à trois reprises que les bâtards, « qui sont mis à l'espouser dessous le paile de sainte Eglise », « dessous le dras acoustumés a metre sur ceus qui se marient solemnement en sainte Eglise », sont légitimés (2). Au xvi⁰ siècle, Loisel formule la règle ainsi : « Enfans nés avant le mariage, mis sous le poile, sont légitimés » (3). Au xviii⁰ siècle, Pothier déclare que la légitimation étant une conséquence du mariage subséquent, il n'est pas nécessaire de mettre l'enfant naturel « sous le poile »; il atteste par là la survivance de cette coutume. Il cherche à l'expliquer en disant « qu'elle est une reconnaissance solemnelle que les parties contrac-

Guillaume de Jumièges; mais il le copie de travers, en croyant que *pallium* désignait le manteau de Gunnor :

> Li duc ki les enfans ama
> Gunnor adoncques espousa,
> Et il fil ki jà furent grant,
> Furent entre autredeus en estant,
> Par dessous le mantlel la mere;
> Furent fait loial cil trois frere.

(1) Robert Grossetête, *loc. cit.* : « Et ut seniorum relatione didici, consuetudo etiam in hoc regno antiquitùs oblenta et adprobata tales legitimos habuit et heredes; unde, in signum legitimationis, nati ante matrimonium consuerunt poni sub *pallio* super parentes eorum extento in matrimonii solempnizatione »; — Raleigh, *Rép.* : « Ad confirmandam hanc legem, quod bastardus sub *pallio* suprà parentes nubentes extento positus fuit, induxisti testimoniorum Richardi de Luce; cujus testimonium, etc. » (cité par Du Cange, *ibid.*).

(2) Beaumanoir, *ibid.*, n⁰ 579 : « Voire s'il en i avoit pluseurs enfans nés avant qu'il l'espousast, et la mere et li enfant, à l'espouser, estoient mis dessous le paile de sainte Eglise, si devenroient il loiaus oir et seroient aherité comme loiaus oir en toutes manieres »; — n⁰ 599 : « Mes cil qui ne sont fors bastart tant seulement puecnt bien estre fet loiaus oir par estre mis dessous le paile à l'espouser »; — n⁰ 600 : « L'en ne doit pas douter que quant uns homs hors du lien de mariage a compaignie à une fame et en a enfans, et il l'espouse puis qu'enfant sont né ou au tans qu'ele est grosse, se li enfant sont mis dessous le drap, — liqueus dras est acoustumés a metre sur ceus qui se marient solemnement en sainte Eglise, — ne soient loiaus puis qu'il i sont mis avecques le pere et avecques la mere le mariage fesant ».

(3) Ant. Loisel, *loc. cit.*

tantes font de leurs enfants » (1) : c'est une explication de juriste, et non d'historien. La vérité, c'est qu'en plaçant ainsi les enfants sous le poile, ils semblaient issus du mariage; ils étaient une réplique vivante au souhait de fécondité formulé par le prêtre (2). — Aujourd'hui encore, les mariés qui se trouvent dans ce cas placent entre eux leurs enfants naturels; mais dans certaines paroisses du Berry, par une véritable déviation de la coutume ancienne, on s'abstient alors d'étendre le voile sur la tête des parents. Le poile est devenu, dans ces paroisses, un privilège accordé seulement aux jeunes filles restées honnêtes (3).

(1) Pothier, *loc. cit.* : « Il est encore moins nécessaire que, lors de la célébration du mariage, on ait fait paraître ces enfants [naturels] sous le poêle. Cette cérémonie est une reconnoissance solennelle que les parties contractantes font de ces enfants, mais qui n'est pas nécessaire, lorsqu'elles les ont reconnus pour leurs enfants de quelque autre manière que ce soit, soit avant, soit depuis leur mariage; et, en un mot, lorsque ces enfants peuvent, de quelque manière que ce soit, justifier leur état ». — Ce que dit Pothier est d'ailleurs vrai canoniquement, et n'est qu'une traduction moderne de la décrétale d'Alexandre III : « Tanta vis est matrimonii ».

(2) Cfr. Schwarz, *De antiquo ritu liberos legitim. per pallium*, 1747. — Quelques auteurs croient pouvoir rattacher cette forme de légitimation, qui est relativement tardive, aux formes d'adoption, très primitives, que l'on rencontre chez certains peuples, et qui consistent à placer l'adopté sous sa robe ou sous son manteau (Du Cange, *ibid.*, p. 114, col. 3; — Brissaud, *op. cit.*, p. 1126-1127, 1129-1130). Cette hypothèse nous paraît peu vraisemblable. Il s'agit ici d'une légitimation, non d'une adoption.

(3) Dans les premiers siècles de l'Église, avant de sortir de la messe, le prêtre mettait au front des deux époux des couronnes en forme de tour (*turritae*), avec lesquelles ils se rendaient à leur demeure. Cet usage, qui existait encore au temps du pape Nicolas Ier (866., n'eut pas grand succès en Occident : bien qu'il n'y fût pas complètement inconnu, aucun des rituels publiés par Dom Martène ne le signale. Il s'est conservé au contraire dans l'Église grecque, où la *coronatio* d'abord et l'enlèvement des couronnes ensuite (le huitième jour) étaient accompagnés de ces longues oraisons qui caractérisent la liturgie grecque. — Cfr. Nicolas Ier, *Resp. ad Bulgaros, loc. cit.* : « Post haec autem de ecclesia egressi *coronas* in capitibus gestant, quae semper in ecclesia ipsa sunt solitae reservari »; — Dom Martène, *op. cit.*, col. 318; — col. 305 (ex Graecorum euchologio) : « Sacerdos, acceptis coronis, primo coronat sponsum, dicens : Coronatur servus Dei N. propter ancillam Dei N. »; même formule pour l'épouse; — col. 307 : « Tunc coronas tollit, et sponsi coronam auferens ait : Magnificare, sponse, sicut Abraham;

§ VII. — La bénédiction du pain, du vin, et du lit nuptial.

25. — Au Moyen âge, la liturgie du mariage ne se terminait pas, comme aujourd'hui, avec la messe. Elle comportait encore deux bénédictions, qui sont presque partout tombées en désuétude, mais qui avaient alors une certaine importance symbolique : la bénédiction du pain et du vin, et la bénédiction du lit nuptial. — La première de ces bénédictions pouvait avoir lieu, soit après la messe, à l'église (1), soit devant la porte de la maison conjugale, où le prêtre introduisait ensuite les époux en les prenant par la main (2), soit le soir, au moment de la bénédiction du lit nuptial (3). A Rouen, au xiv° siècle, et à Paris, au xv°, la cérémonie se répétait deux fois : après la messe, et dans la chambre nuptiale (4).

... et cum sponsae coronam detrahit : Et tu, sponsa, magnificare sicut Sara, etc. ». Les veufs et les veuves étaient couronnés et découronnés de même (*ibid.*, col. 400 et 402). — *Adde :* Du Cange, *op. cit.*, v° *Coronae nuptiales;* — Muratori, *op. cit.*, col. 110 et 111; — Chardon, *loc. cit.*, col. 1028-1029, 1032-1033; — et Friedberg, *op. cit.*, p. 97, note 2.

(1) Dom Martène, *op. cit.*, col. 359 (*Évreux*, xii° siècle) : « Post missam, benedicatur panis et vinum in vasculo »; — col. 369 (*Rouen*, xiv° siècle), *infrà cit.* — Pour la *Bretagne*, cfr. *infrà.* — Même règle à *Hereford*, en Angleterre, et à *Venise* (Friedberg, *op. cit.*, p. 43 et 63). — Chez les *Grecs*, la bénédiction du *commune poculum* a lieu pendant la cérémonie de la *coronatio* (Dom Martène, *ibid.*, col. 396 et 401).

(2) *Ibid.*, col. 376 (*Paris*, xv° siècle) : « Missa celebrata, recedant sponsus et sponsa; et ipsis stantibus ante ostium domus illorum, praesentibus pane et vino, faciat sacerdos benedictionem..... Quo facto, introducit eos sacerdos per manum in domum, dicens : In nomine Patris, etc. ».

(3) *Ibid.*, col. 371 (*Amiens*) : « Benedictio thalami..... Lecto evangelio, accipiat vinum et benedicat » (le rituel ne parle pas du pain); — col. 378 (*Châlons*) : « Sequitur benedictio thalami..... *Deinde*, benedicit panem et vinum dicens... »; — col. 381 (*Limoges*, 2° forme) : « Benedictio thalami..... *Deinde*, benedicit panem et vinum, dicens... »; — col. 369 (*Rouen*).

(4) *Ibid.*, col. 369 (*Rouen*, xiv° siècle) : « Post missam, sequitur benedictio panis et vini. Oremus : Benedic, Domine, creaturam istam panis et vini, ut sit remedium salutari generi humano, etc. Sequitur benedictio thalami... Sequitur benedictio panis, ut suprà. Deinde, sequitur benedictio potus : Benedic, Domine, hunc potum et hoc vasculum sicut benedixisti sex hydrias in Cana Galileae, etc. ». Dans les formules de bénédiction, les deux

Voici, d'après les rituels, comment elle s'accomplissait. On présentait au prêtre du pain et du vin dans un vase (*vasculum potus*). Il bénissait d'abord le pain, puis le donnait au mari, qui en goûtait le premier, et le passait à sa femme qui en goûtait à son tour. Le prêtre bénissait ensuite le vin, dont l'époux, le premier, puis l'épouse buvait une petite quantité (1). Quand la cérémonie avait lieu le soir, dans la maison nuptiale, le prêtre buvait le premier, puis les mariés, puis les assistants; tel était au moins l'usage à Amiens et à Paris au xv° siècle (2). — D'après les rituels de Mayence, de Wurzbourg, et de Worms, de 1671, le prêtre devait dire aux époux en leur présentant le vin : « *Bibite amorem Sci Johannis* » (3).

L'usage du vin du mariage était extrêmement répandu au Moyen âge (4), et avait aux yeux du peuple une grande

miracles de la multiplication des pains et des noces de Cana sont souvent rappelés; cfr. à titre d'exemple : le pontifical d'*Évreux* (xii° siècle), *ibid.*, col. 359; — et le *Manuel des cérémonies de Paris de 1497*, cité par F. Nicolaÿ, *op. cit.*, t. III, p. 287.

(1) Dom Martène, *op. cit.*, col. 359 (*Évreux*) : « ... et gustent in nomine Domini »; — col. 375 (*Paris*, xv° siècle) : « Tunc sponsus mordet in pane, posteà sponsa... Tunc sponsus bibit, posteà sponsa »; et *Manuel des cérémonies*, loc. cit. — Pour la *Bretagne*, cfr. *infrà*. — A *Cologne*, on lit dans une formule du xiv° siècle, rapportée par Friedberg, *op. cit.*, p. 29, et par Sohm, *op. cit.*, p. 321 : « Dan sal de Bruytgem der Bruyt shencken uisse eymen Kopp, ind der Bruytgem sal yrst dryncken, ind der Bruytdar na schencken ». — Cfr. le Missel d'*Hereford* : « Post missam, panis, et vinum, vel aliud bonum potabile in vasculo proferatur, et gustent in nomine Domini, sacerdote primo sic dicente : Dominus vobiscum » (dans Friedberg, *op. cit.*, p. 43-44); — et le Sacerdotal de l'*enise* de 1576 : « Deinde in altari frangat panem (presbyter) et det unam partem sponso et aliam sponsae; et sic etiam de vino » (*ibid.*, p. 63, note 4). A Milan et chez les Grecs, il était d'usage de *frangere cyathum*, c'est-à-dire de briser le verre dans lequel les époux avaient bu (J.-B. Thiers, *ibid.*, p. 535-536).

(2) Dom Martène, *op. cit.*, col. 374 (*Amiens*) : « Quo finito, bibat sacerdos, et det sponso, et sponsus det sponsae. Deinde possunt alii bibere »; — *Manuel des cérémonies de Paris* (1497) : « Ensuite, ayant fait apporter du vin sur lequel il disait une oraison, il présentait à boire aux époux, buvait lui-même, et les assistants après lui » (cité par F. Nicolaÿ, *ibid.*).

(3) Friedberg, *op. cit.*, p. 29, note 4. Sur l'origine et le sens de cette expression, cfr. Thomasius, *De poculo Johannis*, Leipzig, 1675.

(4) J.-B. Thiers, *op. cit.*, p. 532-535, et Friedberg, *ibid.*, p. 29, 43, 63,

importance. Le confondant plus ou moins avec le « vin du marché » (*Mercipotus, Weinkauf*), qui servait à conclure les ventes (1), beaucoup de personnes en étaient arrivées à croire qu'il suffisait de boire ensemble *nomine matrimonii* pour que le mariage fût par là même parfait : un synode d'Angers s'en plaint en 1277 (2), et la littérature du Moyen âge reflète très bien cette idée. M. Friedberg cite un curieux passage du roman de *Perceforest* (xive siècle), qui ne laisse aucun doute sur ce point; il s'agit du mariage d'Estonne avec une jeune fille (3) : « Lors, dit l'auteur, ung chevalier de hault pris fut appellé qui tenoit une couppe, de precieux picument plaine, et la presenta à Estonne qui joyeusement la receut, puis vint à la pucelle et luy dist : Pucelle, s'il est ainsy que le mariage de vous et de moy vous plaise, je vous requiers que vous recevez ceste couppe et y beuvez. Sire, dist la pucelle, il me plaist le bon plaisir de mes amys. Adonc elle receut la couppe et la presenta à Estonne, disant : Sire, je vous prie que vous beuvez devant, comme mon mary, mon amy, et mon seigneur. Adonc Estonne print la couppe et beut, et puis la presenta à la pucelle, disant : Madame mon espouse et ma compaigne, beuvez apres moy. Et lors print la pucelle la couppe et beut ». Ce fut

et 64, note 1, citent : en France, les rituels d'Angers, Séez, Bayeux, Évreux, Rouen, Le Mans, Chartres, Paris, Reims, Châlons, Autun, Lyon, Périgueux, Limoges; en Angleterre, celui d'Hereford; en Italie, ceux de Milan et de Venise; en Allemagne ceux de Cologne, Mayence, Wurzbourg, Worms. Il faut ajouter : le Béarn, et la Suède. — D'après Laumier, *ibid.*, p. 152 et 107, le même rite était suivi par les Russes et avait été adopté par les Juifs portugais : « Ensuite le rabbin présente du vin aux mariés et prononce la bénédiction du mariage, etc. ». — Dans le nord de l'Allemagne, le vin était souvent remplacé par la bière (*Lobelbier*); cfr. sur ce point : Sohm, *op. cit.*, p. 31; et *Trauung, op. cit.*, p. 48.

(1) Cfr. *Petrus*, II, 14 (*bibaria vini*); — et Brissaud, *op. cit.*, p. 1399.

(2) *Synode d'Angers, 1277*, canon 3 : « Intelleximus nonnullos volentes et intendentes matrimonium ad invicem contrahere nomine matrimonii potare, et per hoc credentes se ad invicem matrimonium contraxisse, carnaliter se commiscent » (dans Friedberg, *op. cit.*, p. 63).

(3) Friedberg, *ibid.*, p. 63.

tout : la *bibaria vini* avait ici renforcé les *verba de praesenti* (1).

C'est sous l'empire de ce sentiment qu'en France a été forgé l'adage :

> Boire, manger, coucher ensemble,
> c'est mariage, ce me semble (2).

En Angleterre, on considérait encore en plein xviiie siècle que « le vin scellait le lien du mariage » (3); et au début du xixe siècle, cette conception subsistait toujours chez les paysans du Béarn, de l'Anjou, de la Picardie (4). Cependant l'Église et les poètes avaient réagi. En 1565, le concile provincial de Milan avait aboli l'usage de la *bibaria vini*, et le rituel de Reims avait suivi cet exemple en 1677 (5). A Genève, en 1541, Calvin protestait déjà (6). A la fin du xvie siècle, Shakespeare se moquait de cet usage (7); et en 1720, l'auteur du *Compleat Vintna* montre ironiquement « Bacchus achevant ce que le prêtre a commencé » (8). Malgré cela, l'usage ne fut pas facile à déraciner (9).

---

(1) C'est l'idée de Friedberg, *ibid.*, p. 42 : « Das Trinken diente zu Bekräftigung jedes Rechtsgeschäftes ».

(2) Cfr. Loysel, *Instit. coutum.*, I, 2, règle 6. — On ajouta, après le Concile de Trente : « Mais il faut que l'Église y passe ».

(3) *Compleat Vintna*, poème de 1720, cité par Friedberg, *ibid.*, p. 44 :
> What priest can join two lovers hands,
> But wine must seal the marriage-bands?
> As if celestial wine was thought
> Essential to the sacred knot; etc.

(4) Cfr. *Mém. de l'Acad. celtique*, t. V, p. 392; — Friedberg, *ibid.*, p. 63.

(5) J.-B. Thiers, *ibid.*, p. 535; — Friedberg, *ibid.*, p. 29, note 4.

(6) *Ordonnances ecclésiast. de Genève*, 1541 : « Que toutes promesses de mariage se facent honestement et en la crainte de Dieu, et non point en dissolution, ne par une legereté frivole comme en tendant seulement le verre pour boire ensemble » (dans Friedberg, *ibid.*, p. 284).

(7) Shakespeare, *Taming of the Shrew*, act. III, sc. 2.

(8) *Compleat Vintna*, loc. cit. :
> Till Bacchus with his bleeding tun
> Had finished what the priest begun!

(9) Au xviiie siècle, toutefois, il n'existait plus en France qu'à titre exceptionnel (J.-B. Thiers, *op. cit.*, p. 535; — et Chardon, *loc. cit.*, col. 1030).

26. — Il est plus facile d'en indiquer la signification. A Châlons et à Limoges, en tendant au mari le pain et le vin qu'il venait de bénir, le prêtre lui disait : « Pierre, prenez et donnez à votre espouse et luy faisez bonne part et loyauté que voulez qu'elle vous fasse » (1). Cette formule fixe le sens du rite, d'ailleurs assez clair. Il est le symbole de la vie commune qui va commencer pour les époux (2). Désormais, selon une expression fréquente dans les Coutumes, ils vivront « au même pain et au même pot » : cette cérémonie symbolique marque en somme le point de départ de la *communauté* conjugale dans les pays qui l'admettaient. Les plus anciens coutumiers s'accordent en effet à faire commencer la communauté « si tôt comme mariage est fait », « à prendre du jour de la solennizacion du mariage » (3), et cette règle

(1) Dom Martène, *Ibid.*, col. 378 (*Châlons*) : « Et post distribuit eis dicendo haec verba : « *Pierre, prenez et donnez à votre espouse et luy faisez bonne part et loyauté que voulez qu'elle vous fasse* ». Et dat ei panem cum vino » ; — col. 381 (*Limoges*, 2ᵉ forme), même texte.

(2) En *Basse-Bretagne*, où le rite subsiste encore dans quelques cantons, c'est bien le sens qu'on lui attache. Voici comment il est décrit par O. Pradère, *La Bretagne poétique*, Paris, 1872, in-8°, p. 192-193 : « Dès que la messe est terminée, dans certains cantons, il est d'usage d'aller à la sacristie, où le prêtre qui a fait le mariage attend les nouveaux époux. Le garçon d'honneur sort alors d'un panier d'osier, couvert d'une serviette bien blanche, un pain et une bouteille de vin. Le *recteur* trace sur la croûte du pain, avec un couteau, le signe de la rédemption, coupe un morceau qu'il bénit et qu'il partage ensuite entre les jeunes mariés; il verse du vin dans un gobelet d'argent; le mari en boit quelques gouttes et passe ensuite lui-même le gobelet à sa femme. Cet acte, dans son langage symbolique, veut encore dire aux époux que tout, désormais, doit leur être commun sur cette terre ». — Même idée dans la *Bresse*, où le rite est un peu différent; c'est la mère du mari, qui « sur le seuil présente à sa bru un verre de vin et un morceau de pain, qu'elle doit partager avec son consort, pour signifier que biens, jouissances, tout entre eux va désormais devenir commun » (Monnier, *ibid.*, cité par Laumier, *op. cit.*, p. 45). — Même idée dans Beauvelet, *op. cit.*, p. 336.

(3) Cfr. Beaumanoir, *op. cit.*, n° 622 (édit. Salmon) : « Chascuns set que compaignie se fet par mariage, car si tost comme mariages est fes, li bien de l'un et de l'autre sont commun par la vertu du mariage » ; — *Ano. cout. de Berry*, ch. 7 et 141 (vers 1312), dans La Thaumassière, *Cout. locales, op. cit.*, p. 258 et 293-295; — *Décisions* dites de Jean des Mares (xivᵉ siècle),

s'est maintenue jusqu'à la fin dans la plupart des Coutumes rédigées (1). Quelques-unes cependant, principalement celles de l'Ouest (Bretagne, Anjou, Maine, Perche, Touraine, et Loudunois), auxquelles il faut joindre les coutumes allemandes de Souabe, de Bavière, de Frise, et de Westphalie (2), exigeaient, pour que la communauté fût formée, une cohabitation d'un an et un jour (3).

n° 247 : « Par contrat de mariage, la communauté était acquise entre l'home et la famme tant en meubles, conquêts faits depuys le mariage, etc. »; — *Anciennes coutumes de Nivernais de 1490*, VI, 2 : « ... à prendre du jour de la solennizacion des nopces » (dans la *Nouv. Revue hist. de droit français et étranger*, année 1897, p. 786); — Ant. Loisel, *Instit. coutum.*, I, 2, règle 9 : « Et sont les mariés communs en tous biens, meubles et conquêts immeubles, du jour de leur bénédiction nuptiale ».

(1) Sont formelles les coutumes de : — Poitou, A. C., art. 282 : « dès que la beneïsson des nopces est faite »; N. C., art. 229; — La Rochelle, art. 48; — Saintonge, art. 62; — Angoumois, art. 40; — Berry, VIII, 7 : « dès l'instant de la solemnisation ou consommation d'iceluy mariage » (le mot « consommation » vise le cas où un mariage n'a pas été solemnisé); — Touraine, N. C., art. 230; — Saint-Aignan (locale de Blois), art. 10; — Paris, N. C., art 220 : « et commence la communauté du jour des espousailles et bénédiction nuptiale »; — Mantes, art. 119; — Dourdan, art. 77; — Étampes, art. 96; — Melun, N. C., art. 211; — Calais, art. 23; — Péronne, art. 112; — Saint-Quentin, art. 1; — Laon, art. 17; — Valois, art. 94 : « du jour du mariage contracté en face de sainte Église »; — Châlons-sur-Marne, art. 19; — Sedan, art. 76 : « incontinent après la bénédiction nuptiale »; — Clermont-en-Argonne, V, 1; — Verdun, IV, 1; — Marsal, art. 33 : « du jour des espousailles ». — Admettent implicitement la même règle les coutumes suivantes, où les époux sont dits communs « durant le mariage » : Blois, art.178; — Orléans, A. C., art. 167; N. C., art. 186; — Lorris-Montargis, VIII, 1; — Auxerre, A. C., art. 155; N. C., art. 190; — Sens, A. C., art. 269; N. C., art. 272; — Meaux, art. 56; — Troyes, art. 83; — Chaumont, art. 77; — Bassigny, art. 45; — Franche-Comté, art. 25; — Bourgogne, IV, 2; — Reims, art. 239; — Clermont-en-Beauvoisis, art. 179; — Amiens, N. C., art. 98; — Montfort-l'Amaury, art. 126. — Par un progrès à rebours, la coutume de Nivernais, qui en 1490 était formelle pour faire commencer la communauté à la célébration du mariage, en 1534 la fait commencer « incontinent après la consommation dudit mariage », alors que (singulière contradiction) la femme passe sous la puissance de son mari « après le contract de mariage par paroles de présent et solemnisation en face de l'Église » (Nivernais, XXIII, art. 2 et 1).

(2) Cfr. Sohm, *Eheschliessung*, op. cit., p. 99.

(3) Coutumes de : — Bretagne, T. A. C., ch. 207 et 211 (édit. Planiol) : « ... pour tant qu'ils aient esté an et jour ensemble par mariage »; A. C.,

Ces coutumes ont certainement subi (à partir du xiv⁰
siècle) l'influence du système des communautés *taisibles*,
qui ne pouvaient se former que par an et jour (1). Mais
ce système, très compréhensible pour des communautés
taisibles, dont aucun acte public ne révélait l'existence,
ne se comprenait pas pour des mariages célébrés au
grand jour (2); aussi nombre de Coutumes admettaient-
elles simultanément la formation immédiate de la communauté conjugale et la formation à terme de la communauté taisible (3). Au xvi⁰ siècle, on constate pour
quelques coutumes divergentes une réaction : celle de
Touraine notamment revint en 1559 au droit commun,
plus conforme aux principes (4).

27. — Le dernier rite de la liturgie catholique du

art. 421 ; N. C., art. 424, 428, 469, 586; — Anjou, art. 511 : « par an et
par jour à compter du jour des nopces », et 512; — Maine, art. 508 et 509;
— Perche, A. C., ch. Des communités, art. 4; N. C., art. 102; — Touraine,
A. C., XXII, 1; — Loudunois, XXIV, 1. — Il faut ajouter : Chartres, art. 57;
Châteauneuf-en-Thimerais, art. 66; Dreux, art. 48, mais pour les *pre-
mières* noces seulement; pour les *secondes*, la communauté se formait de
suite.

(1) Cfr. Beaumanoir, *op. cit.*, n° 625 : « Car compaignie se fet selonc
notre coustume pour seulement manoir ensemble a un pain et a un pot un an
et un jour puis que li mueble de l'un et de l'autre sont mellé ensemble »; —
— *Grand Cout. de France*, édit. Laboulaye, p. 371; — Cout. de Saintonge,
art. 58; — Angoumois, art. 41; — Poitou, A. C., art. 283; N. C., art. 231;
— Berry, VIII, 10; — Bourbonnais, art. 267; — Nivernais, XXII, 2; —
Auxerre, art. 201; — Lorris-Montargis, IX, 1; — Sens, A. C., art. 277;
N. C., art. 280; — Troyes, art. 101; — Chaumont, art. 75; — Verdun,
VIII, 1; — etc.

(2) M. Viollet, *Établ. de saint Louis*, op. cit., t. l, p. 142, fait remarquer qu'en Anjou, les textes du xiii⁰ siècle ne connaissent pas la formation
de la communauté conjugale par an et jour; ce délai n'apparaît que dans
les textes du xv⁰ siècle. — Cfr. sur les rapports de la communauté conjugale avec la communauté taisible, les judicieuses observations de M. Ch. Le-
febvre, *Hist. du droit matrimonial français*, Paris, in-8°, t. II (1908),
p. 210-220.

(3) Cfr. Beaumanoir, *op. cit.*, n°⁸ 622 et 625; Cout. de Saintonge, Angoumois, Poitou, Berry, Lorris-Montargis, Auxerre, Sens, Troyes, Chaumont,
Verdun, etc., *suprà cit.*

(4) Cfr. Touraine, A. C. (1507), XXII, 1; et N. C. (1559), art. 230.

Cn.   6

mariage au Moyen âge consistait dans la bénédiction du *lit nuptial*. Les origines de ce rite sont faciles à discerner : il provient à la fois des usages hébraïques, grecs et romains.

Dans les mariages juifs, quand le festin des noces était terminé, on conduisait la jeune mariée dans la chambre nuptiale (1), où une sorte de dais ou baldaquin, appelé *hûppdh*, était préparé. Les deux époux prenaient place sous ce dais, et, une fois qu'ils y étaient entrés, ils étaient astreints à tous les devoirs conjugaux. Cependant, le rite de la *hûppdh* n'était pas indispensable et pouvait être, pour parfaire le mariage, remplacé par la cohabitation (2). Plus tard, ce même dais fut employé pour couvrir les mariés sur la place publique, pendant que les assistants leur adressaient leurs vœux et que le rabbin unissait leurs mains (3). Les premiers chrétiens d'origine juive continuèrent naturellement à pratiquer ce rite. Mais, s'il se conserva et se transmit à l'Église d'Occident, c'est qu'il se rencontra avec un usage grec et romain analogue, avec lequel il se combina.

Chez les Grecs et les Romains, les fêtes nuptiales se terminaient par une conduite solennelle de la nouvelle mariée dans la maison de son mari. En Grèce, cette conduite s'appelait ἀγωγή ou πομπή; elle avait lieu à la tombée de la nuit, à la lueur des torches; la jeune fille était introduite dans la chambre nuptiale, θάλαμος, où elle s'asseyait sur le lit avec son époux (4). A Rome, la *deductio in domum mariti* se faisait également en grande

(1) Cfr. *Tobie*, VII, 18-19; — et L.-G. Lévy, *op. cit.*, p. 181.

(2) Rabbinowicz, *op. cit.*, p. 29; — L.-G. Lévy, *ibid.*, p. 157, note 1.

(3) Abbé Lesêtre, *loc. cit.* — Au xviiie siècle, le dais employé chez les Juifs portugais était « ordinairement placé dans un jardin ou une cour, et c'était toujours en plein air que l'on devait prononcer la bénédiction nuptiale ». En France, « la cérémonie se faisait autrefois en plein air; mais au xixe siècle, elle se faisait dans la synagogue »; le dais était formé par un voile reposant sur quatre piliers ou bâtons (Laumier, *ibid.*, p. 106 et 118).

(4) Cfr. Beauchet, *op. cit.*, p. 119 et 141; — Max. Collignon, *loc. cit.*

pompe. Dans l'*atrium*, en face de la porte, la *pronuba* avait préparé un lit, le *lectus* ou *torus genialis* ou *adversus*, sur lequel les deux époux prenaient place (1). On aspergeait alors la nouvelle mariée avec l'eau apportée dans l'*aquale* (2); après quoi, elle priait les dieux de sa nouvelle maison de bénir son union (3).

Chez les chrétiens d'origine grecque ou romaine, l'usage de la *deductio* se perpétua; mais tout ce qu'il avait de païen fut éliminé, et le prêtre fut appelé à bénir les époux assis sur le lit nuptial. De là cette *benedictio lecti* ou *thalami*, pour laquelle on trouve déjà une formule dans le sacramentaire de Bobbio (4), et qui fut usitée pendant tout le Moyen âge en France, en Allemagne, en Angleterre, etc.

Les rituels et quelques autres textes permettent de se rendre compte de la façon dont s'accomplissait cette curieuse cérémonie, qui ajoutait encore à la publicité du mariage, chose utile à une époque où les registres de l'état civil n'étaient pas connus. A la tombée de la nuit, quand les époux vont se mettre au lit, ou tout au moins le soir, après le souper, le prêtre, revêtu du surplis et l'étole au cou, accompagné de clercs portant de l'eau bénite et un encensoir, se présente à la maison conjugale (5). A Lyon, il la bénissait avant d'en-

---

(1) Cfr. Cicéron, *Pro Cluentio*, V, 14; — Horace, *Epist.*, I, 1, 87; — Properce, V, 11, vers 85-86; — Stace, *Silvae*, I, 2, vers 13 : « Ipsa (Aeneia toros et sacra parat »; — Tacite, *Annales*, XV, 37 : « genialis torus ».

(2) Cfr. Festus, *Epit.*, 87, 11; — Properce, V, 3, vers 15.

(3) Pour plus de détails, cfr. Dezobry, *Rome au siècle d'Auguste*, 4e éd., Paris, in-8°, t. III (1875), p. 11; — Marquardt, *ibid.*, p. 68; — Ch. Lécrivain, dans le *Dict. Daremberg et Saglio*, v° *Matrimonium*, p. 1656.

(4) Dans Muratori, *Liturgia romana vetus*, t. II, p. 956.

(5) Dom Martène, *op. cit.*, col. 359 (*Évreux*, xiie siècle): « Nocte verô, cum ad lectum pervenerint, accedat presbyter; et benedicat thalamum, dicens »; — col. 363 (*Arles*, xive siècle) : « Secundum consuetudinem ingrediens sacerdos cum aqua benedicta ad thalamum benedicendum »; — col. 366 (*Auxerre*, xive siècle); — col. 369 (*Rouen*, xive siècle) : « In primis, sacerdos indutus superpellicco et stola, aspergat aquam benedictam per thalamum, dicendo : Asperges me, etc. »; — col. 371 (*Lyon*, xve siècle):

trer (1). A l'arrivée du prêtre, les époux s'assoyaient sur leur lit, le mari à la tête et la femme aux pieds ; quelquefois ils l'attendaient couchés(2). Le prêtre aspergeait le lit et les époux d'eau bénite, et encensait le lit « tout autour »(3), en récitant une formule de bénédiction spéciale, qui variait suivant les diocèses, mais où se trouvait ordinairement exprimé le vœu que Dieu écarte du lit nuptial les esprits mauvais et qu'Il conserve à ceux qui l'occupent

« Benedictio thalami in sero » ; — col. 374 (*Amiens*) : « Benedictio thalami cum odore incensi, et aqua benedicta, et stola » ; — col. 376 (*Paris*, xv° siècle) : « Item, in sero benedictio thalami ». — *Adde* Léon Gautier, *op. cit.*, p. 441, qui cite ces deux vers d'*Aye d'Avignon*, v. 4015-4016 :

> L'évesque va l'estole à son col afubler,
> Lor lit va beneïr le soir après souper.

(1) Dom Martène, *op. cit.*, col. 371 (*Lyon*, xv° siècle) : « Benedictio domôs in nocte. Primum spargat aquam benedictam dicendo sequentem antiphonam : Signum salutis pone, Domine, in domibus istis, etc. Modo incendatur incensum et adolet ; oratio : ... »

(2) *Ibid.*, col. 359 (*Évreux*) : « cum ad lectum pervenerint » ; — col. 374 (*Amiens*) : « Sponsus sedeat ad caput lecti, et sponsa ad pedes, et stans incipiat hanc orationem... » ; — col. 376 (*Paris*) : « ... sedentes vel jacentes in lecto suo ». — Le lit était pour la circonstance paré d'une *covertor* (Léon Gautier, *op. cit.*, p. 441, d'après *Godefroy de Bouillon*, vers 237-238). — Léon Gautier dit que les époux restaient à genoux, et Beuvelet (*ibid.*, p. 371) qu'ils se tenaient debout. Nous n'avons vu nulle part mentionnée cette double attitude, qui ne serait pas en rapport avec le rite.

(3) Dom Martène, *op. cit.*, col. 367 (*Rouen*) : « Aspergat aquam benedictam per thalamum » ; — col. 374 (*Amiens*) : « In cujus principio debet sacerdos thurificare... Posteà aspergat aquam benedictam super sponsum et sponsam et super lectum, et dicat : Ostende nobis, Domine, etc. » ; — col. 376 (*Paris*) : « Tunc thurificet thalamum ; postea sponsum et sponsam, sedentes vel jacentes in lecto suo, benedicat, dicens... » ; — *Manuel des cérémonies de Paris* (1497) : « Les parents étant rassemblés et les époux assis sur leur lit, le prêtre faisait sur eux une aspersion d'eau bénite et un encensement pendant qu'on récitait le Psaume 131 » (cité par F. Nicolaÿ, *op. cit.*, p. 287) ; — Léon Gautier, *ibid.*, qui cite ces deux vers de *Godefroy de Bouillon*, vers 240-241 :

> Le lit a benei et seigna tot entor ;
> Puis se colcha il bers o sa gentil uissor ;

— Friedberg, *op. cit.*, p. 64, note 3, qui cite ces deux vers du roman d'*Amedis* :

> Dans Engleblers qui molt a de bonté
> A lués le lit bénéit et sacré.

la fidélité et la charité conjugale (1). Parfois le prêtre ne bénit pas le lit d'une façon particulière; il asperge seulement d'eau bénite la chambre nuptiale (2). C'est à ce moment qu'il bénit le pain et le vin, si la cérémonie n'a pas eu lieu au sortir de l'église ou s'il est d'usage de la réitérer. Il récite ensuite une dernière formule de bénédiction, généralement assez courte, sur les époux, et leur dit, en se retirant avec ses clercs : « Demeurez en paix; Dieu demeure avec vous » (3).

28. — Cet usage de la *benedictio thalami* avait certainement dans la pensée de l'Église un sens religieux (4); mais il pouvait avoir aussi, dans certaines coutumes, un effet juridique. On sait en effet qu'au xiiie siècle, c'était une règle assez générale encore, souvenir du *morgengab* germanique, que la femme mariée ne gagnait son douaire que par la consommation du mariage (5). Mais

(1) Voici à titre d'exemple la formule usitée à Lyon au xve siècle : « Deus cujus benedictione plena sunt omnia quae in tui nominis invocatione benedictionem percipiunt, benedic huic thalamo solius honestatis nuptui praeparato, ut in nullo illorum malorum incursus spirituum attingat : honesta illum et munda; conjugalis caritas sola possideat atque ·miseratio tua celebritati tune sufficienter assistat » (dans Dom Martène, *op. cit.*, col. 371). — Cfr. dans le même sens : Beuvelet, *op. cit.*, p. 360-371; — et Le Tourneux, *op. cit.*, p. 312-313.

(2) Notamment à Évreux, Rouen, et Auxerre.

(3) Dom Martène, *ibid.*, col. 366 (*Auxerre*) : « Iis omnibus expletis, recedant tam sacerdos quam clerici »; — col. 378 (*Châlons*) : « Et presbyter recedit, sic dicens : « Demeurez en paix, Dieu demeure avec vous »; — col. 381 (*Limoges*, 2e forme), même texte; le rituel ajoute : « Eadem nocte, pro reverentia benedictionis in virginitate permaneant ». Même recommandation à *Lyon*, pendant trois jours (*ibid.*, col. 371), conformément à Toble, VIII, 4-5 : « Sara, exsurge, et deprecemur Deum hodie, et cras, et secundum cras, quia his tribus noctibus Deo jungimur; tertia autem transacta nocte, in nostro erimus conjugio; filii quippe sanctorum sumus, et non possumus ita conjungi, sicut gentes quae ignorant Deum ».

(4) Cela n'empêcha pas certains seigneurs de profiter de l'occasion pour percevoir une redevance appelée *Ourilliera* ou *Droit d'oreiller*; cfr. Du Cange, vo *Ourilliera* : « Ainsi comme le curé vouloit benistre le lit desditz mariéz, lesdiz varlez.... dirent que le lit ne seroit ja beneist, se ilz n'avoient desdiz mariéz deux francs d'or pour les orilliers » (1386).

(5) *Justice et Plet*, X, 21, § 1 : « Emprès l'en dit que se mariage n'est celebrez par la bénoïçon et il n'avient en charnel compaignie ensemble,

l'inconvenance de la preuve à administrer avait fait admettre un tempérament. On se contenta de l'acte matériel pour l'épouse d'avoir partagé, au moins une nuit, le lit de son mari (1), voire même, comme en Bretagne, d'y avoir simplement mis le pied (2). Or, dans ces coutumes, la cérémonie de la *benedictio thalami*, à laquelle assistaient toujours un nombre plus ou moins grand de parents et d'amis, fournissait la preuve, — complète, là où les époux étaient *jacentes in lecto*, — que la condition requise pour le gain du douaire avait été remplie.

En Allemagne et en Angleterre, au moins quand il s'agissait de grands personnages, on organisait, au XVᵉ siècle, un simulacre complet. C'est ainsi, que, lors du mariage de Frédéric III avec Éléonore de Portugal (1452), on dressa un lit « à la mode allemande » (*more teutonico*); l'empereur et la jeune mariée s'y couchèrent tout vêtus, en présence du roi et des grands, la couverture rabattue sur eux; un instant après, ils se levèrent : telle est, conclut Æneas Sylvius, qui rapporte le fait, « la

et est emprès dépéciez, ci n'a point de doere » ; — Beaumanoir, *op. cit.*, nᵒ 460 : « Douaires est aquis a la fame si tost comme loiaus mariages et compaignie charnele est fete entre li et son mari, et autrement non ». — La règle subsiste au XVIᵉ siècle dans les Coutumes d'*Amiens*, A. C., art. 49; N. C., art. 111 : « ... Incontinent après le mariage d'elle avec son mari parfait et consommé » ; — et de *Boulenois*, A. C., art. 99; N. C., art. 97.

(1) Cfr. *Summa de legibus Normanniæ*, édit. Joseph Tardif, CI, 7 : « Si autem matrimonio contracto maritus decesserit, nondum ipsis insimul in eodem receptis cubiculo, relicta de terra sua nullam dotem poterit reportare ; tunc enim mulier per consuetudinem Normanniæ jus in dotem habere dicitur cum mariti sui spondam cubiculi subintravit » ; — *Grand Coutumier de Normandie*, CI, 6 : « Se l'homme meurt apres ce qu'il a pris femme ains qu'ilz ayent couché ensemble en ung lict, la femme n'aura point de douaire; car au coucher ensemble, gaigne femme son douaire, selon la coustume de Normandie ».

(2) Bretagne, T. A. C., édit. Planiol, ch. XXXII : « La femme gagne par coustume son douaire à mettre le pié au lit... » ; — A. C., art. 432, et N. C., art. 456 : « Femme gagne son douaire ayant mis le pied au lict, après estre espousée avec son seigneur et mary, encores qu'il n'ait jamais eu affaire avec elle » ; — Cfr. Ponthieu, art. 32 : «... depuis qu'elle est conjointe par mariage et passe les pieds du lict pour coucher avec son mary ».

coutume des Allemands, quand il s'agit du mariage des princes » (1). En Angleterre, le roi Henri VII (1486-1509), dans les ordonnances faites pour sa maison, avait ainsi réglé la cérémonie : la mariée conduite à la chambre nuptiale, où ne devaient rester que des femmes, était mise au lit ; le marié s'asseyait sur le lit, vêtu de sa chemise et de sa robe ; l'évêque entrait alors avec ses chapelains et bénissait le lit (2).

Dans certaines coutumes, la règle : « Au coucher, la femme gagne son douaire » persista jusqu'à la Révolution (3) ; mais ailleurs on réagit, et on finit par admettre que le douaire serait gagné par le fait même de la célébration du mariage (4). Cette évolution coïn-

(1) Æneas Sylvius, *De vita et rebus gestis Frider. III* : « Jussit igitur (Fridericus) teutonico more stratum apparari, jacentique sibi Leonoram in ulnas complexusque dari, ac praesente rege cunctisque proceribus astantibus superduci culcitam. Erant autem ambo vestiti, moxque inde surrexerunt. Sicque consuetudo Theutonicorum se habet, cum principes primo junguntur... Nocte quae instabat, futurus erat concubitus ex nudis » (dans Friedberg, *ibid.*, p. 23, note 7). — Friedberg, *ibid.*, p. 23, texte et note 5, cite deux autres textes attestant le même usage. Voici le premier, relatif au Wurtemberg et emprunté à Frischlin, *Nuptiae Wurtembergicae*, l. III :

> Protinus in lectum sacra Dorothea locatur
> Inque latus pia costa viri dedit, unde potita est ;
> Exultant cum voce duces...
> Illi consurgunt iterum, thalamoque relicto,
> Omnes ad coenam lituis clangentibus ibant.

(2) Voici le texte rapporté par Friedberg, *ibid.*, p. 46 : « All men at her coming in to be voided, except woemen, till she be brought to her bedd : and the man, both : he sitting in his bedd, in his shirte, with gowne cast about him. Then the bishoppe with the chaplaines to come in and blesse the bedd ».

(3) Normandie, art. 367 : « La femme gagne son douaire au coucher » ; — Châteauneuf-en-Thimerais, art. 55 : « Et s'acquiert ledit douaire dès la première nuit que la femme a couché avec son mary » ; — Dreux, art. 43, et Chartres, 52, même texte ; — Melun, art. 81 : « Par la coustume dudit bailliage, si tôt qu'un homme épouse une femme et qu'ils ont couché ou lit ensemble, posé qu'elle soit demourée pucelle, a acquis douaire » ; — Valois, art. 102 ; — Clermont-en-Beauvoisis, art. 158.

(4) Péronne, art. 143 : « Droit de douaire est acquis à la femme dès l'instant que le mariage est fait et solemnisé » ; — Grand-Perche, art. 117 ; — Angoumois, art. 82 : « Et en est fondée la femme de l'avoir, dès ce que le mariage est accompli par paroles de présent ». — Cfr. Ant. Loisel, *op. cit.*,

cide avec la décadence de la *benedictio thalami*. Déjà au xvi° siècle, elle n'avait plus lieu en bien des endroits (Châlons, Limoges, Milan) que si les époux la requéraient expressément (1). Aujourd'hui, elle est tombée partout en désuétude; et ce n'est pas sans une certaine mélancolie qu'on se prend à comparer la chambre nuptiale, encensée et bénite, qu'exigeaient les mariés d'autrefois, avec la chambre d'hôtel, banale et indifférente, qui suffit aux mariés d'aujourd'hui.

Les rites dont nous venons d'étudier l'histoire ne subsistent plus, quand ils subsistent, que comme la survivance d'un passé lointain; mais, à défaut d'effets juridiques, ils ont retenu de leurs origines diverses, hébraïque, grecque, romaine, ou germanique, — corrigées et purifiées par le Christianisme, — quelque chose de poétique et de touchant, qui ne peut que faire regretter la disparition progressive de la plupart d'entre eux.

I, 3, règle 5 : « On disoit jadis : Au coucher gagne la femme son douaire; maintenant dès lors de la bénédiction nuptiale ». Ces derniers mots prouvent que, du temps de Loisel, l'ancienne règle était devenue exceptionnelle.

(1) Dom Martène, *op. cit.*, col. 378 (*Châlons*) : « Sequitur benedictio thalami, si presbyter requisitus fuerit »; — col. 381 (*Limoges*, 2° forme) : « Benedictio thalami, si fuerit presbyter requisitus »; — col. 390 (*Milan*) : « Si thalamo nuptiali benedicendum est... ».

TABLE

BAR-LE-DUC. — IMPRIMERIE CONTANT-LAGUERRE.

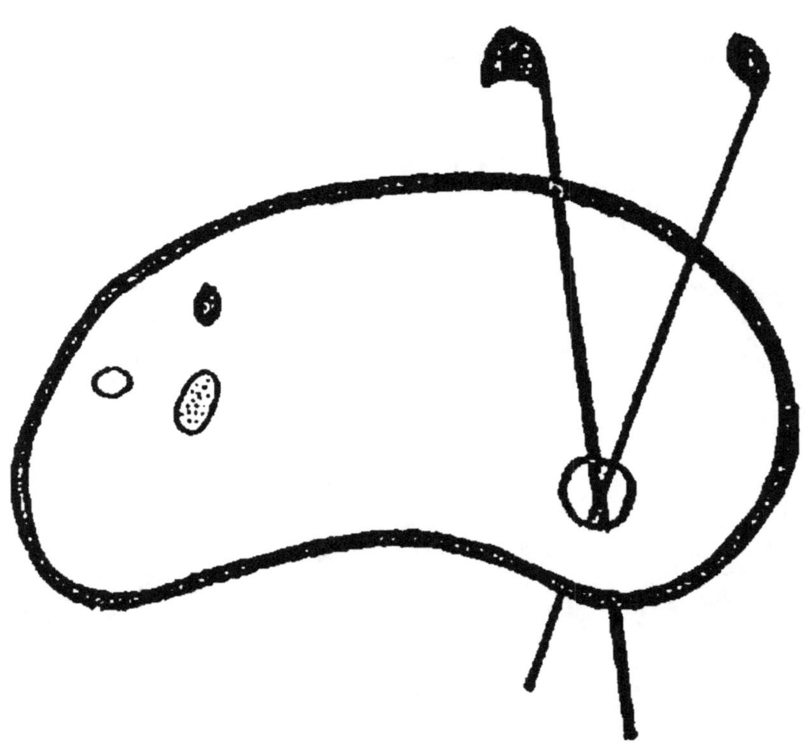

* 9 7 8 2 0 1 3 5 4 7 8 8 8 *